KB154202

벌거벗은
한국사 사건편

벌거벗은 한국사 사건편

본격 우리 역사 스토리텔링쇼

tvN STORY 〈벌거벗은 한국사〉
제작팀 지음

프런트페이지
FRONTPAGE

특별한 여행을
함께 떠나볼까요

여행을 떠나볼까요?

반만년 우리 역사의 수많은 장면들.

그중 가장 매력적인 '스토리'가 있는

과거 어느 순간이 우리의 목적지입니다.

여러분은 언제, 어디로 떠나 누구를 만나고 싶으신가요?

저희의 고민도 여기서 시작됐습니다.

우리 역사의 어느 시점으로 돌아갈 수 있다면

과연 어디로 떠날 것인가?

어떤 인물의, 무슨 이야기를 들을 것인가?

답을 내리기는 생각보다 어려웠습니다.

분명 학교 수업시간에 배웠던 것 같은데

머릿속에 '스토리'는 없이 연도, 사건, 인물 같은

단편적인 정보들만 떠올랐기 때문입니다.

그래서 저희는 생각했습니다.

'우리 역사의 장면들이 오랫동안 기억되도록

쉽고 친절하게 흥미로운 스토리로 엮어 보여드리자.'

그리고 히스토리텔러 최태성 선생님과 뜻을 모았습니다.

우리 역사 스토리텔링쇼 〈벌거벗은 한국사〉는

그렇게 태어났습니다.

누구나 부담 없이 즐길 수 있는 스토리 한국사.

이제 준비는 끝났습니다.

펜과 노트는 잠시 내려놓고

홀가분한 마음으로 한국사 여행을 떠나보실까요?

tvN STORY 〈벌거벗은 한국사〉 제작팀

드라마보다 더 드라마 같은
역사 이야기

"재미있게 역사를 접하고 싶으면 어떻게 해야 할까요?"
전국의 강연장에서 한바탕 이야기를 풀어내고 나면
질의응답 시간에 반드시 듣게 되는 질문입니다.
제 대답은 이렇습니다. "〈벌거벗은 한국사〉 보세요."
제가 출연하는 프로그램이라 조금 민망하기는 하지만
진심에서 우러나온 답변입니다.
〈벌거벗은 한국사〉가 전적으로 스토리텔링식 역사이기 때문이죠.

일반적으로 우리는 역사적 사건을 접할 때,
단편적인 역사적 사실 몇 개를 꿰어서 이해하려 합니다.

예를 들어볼까요?

'갑신정변'이라는 사건을 어떻게 알고 계시나요?

아마 우정총국, 3일 천하, 김옥균 정도의 키워드로

갑신정변을 떠올리실 것입니다.

그러나 이 단어들로는 담아낼 수 없는,

손에 땀을 쥐게 하는 긴장감이 이 사건 속에 녹아 있습니다.

드라마보다 더 드라마 같은 순간과 스토리가 풍부하게 담겨 있죠.

그런데 이 재미있는 부분들은 쏙 빼놓은 채 건조한 키워드 몇 개로

역사적 사건을 접하니 얼마나 안타까운 일인가요.

이 책은 그동안 우리가 놓쳤던

사건들의 진짜 스토리를 제대로 보여줍니다.

흐름을 잡기 어려웠던 사건들을

흥미진진한 스토리로 접할 준비되셨나요?

지금부터 《벌거벗은 한국사: 사건편》으로

재미있는 역사 여행 떠나보시죠.

이야기, 시작합니다.

큰별쌤 최태성

| 차례 |

1장

멀거멀은 무신정변

박재우(성균관대학교 사학과 교수)

쿠데타는 어떻게
뺨 한 대로 시작됐나

역사를 배우다 보면 한 시대를 전기, 후기 등으로 구분하는 것을 알 수 있습니다. 단순히 시간이 흘렀다고 해서 전기, 후기로 나누는 것은 아니고, 사회·경제·정치 분야에서 큰 변화가 일어나면 그에 따라 시기를 구분하는 것이지요. 조선 시대를 1592년에 일어난 임진왜란을 분기점으로 삼아 전기와 후기로 나누는 것도 그런 이유에서입니다. 그렇다면 고려는 언제를 분기점으로 삼을까요? 정인지와 김종서를 비롯한 학자들이 세종의 명을 받아 편찬한《고려사》는 1170년에 벌어진 어느 사건을 기준으로 고려를 전기와 후기로 나눕니다. 사건 발생 전과 후가 그만큼 다르다는 얘기겠지요.

이 사건은 1170년 음력 8월에 발생합니다. 왕 앞에서 무예 행사가 열리는 중이었죠. 행사의 일환으로 대장군과 한 장수가 힘을 겨루었는데, 나이 든 몸으로 격투를 벌이는 것이 힘에 부쳤는지 대장군이 도망을 가려 했습니다. 그러자 이때, 경기를 구경하던 젊은 관료 하나가 걸어 나와 갑자기 대장군의 뺨을 때립니다. 더 놀라운 것은 한 나라의 대장군이 난데없이 뺨을 맞았는데 그 광경을 지켜보던 사람들이 마구 웃기만 했다는 것입니다.

그날 저녁, 무자비한 살육이 시작되었습니다. 웃었던 사람들은 죽임을 당했고, 개경의 궁궐 안 곳곳에 시체가 쌓였습니다. 심지어 왕조차 쫓겨나고 말았지요. 쿠데타가 일어난 것입니다. 이 사건을 무신들이 일으킨 정치적 변란이라 하여 무신정변武臣政變이라고 합니다. 이후 고려는 무려 100여 년간 갑옷을 입은 무신들이 지배하는 나라가 되었습니다.

대체 왜 노장군은 많은 사람들 앞에서 그런 모욕을 당했을까요? 사람들은 왜 그를 비웃기만 한 것일까요? 지금부터 고려를 뒤바꾼 결정적 사건, 무신정변을 벗겨보도록 하겠습니다.

고려의 두 지배층
문신과 무신

정변이란 혁명이나 쿠데타처럼 합법적이지 않은 방법으로 생긴 정치상의 큰 변동을 뜻합니다. 고려 무신들이 정변을 일으킨 이유를 알기 위해서는 먼저 그 당시 무신들의 위상이 어떠했는지를 알아야 합니다.

고려에서는 무반武班과 문반文班을 합쳐 양반兩班이라고 불렀습니다. 우리가 알다시피 조선 시대에도 양반이라는 말을 썼는데, 이 양반이라는 말이 처음 등장한 때는 바로 고려 시대인 것입니다. 무반은 오늘날의 군인, 경찰과 같은 일을 한 무신의 반열을 가리키는 말이고, 문반은 공무원이나 법관, 국회의원 등의 역할을 하는 문신의 반열을 가리키는 말이었습니다.

사실 고려 초기에는 문신과 무신을 명확하게 구분하지 않았습니다. 그러던 것이 회사가 커지면 전문화와 분업화를 위해 부서를 나누는 것처럼, 나라가 점점 발전하면서 정치를 맡을 문신과 군사를 이끌 무신을 구분할 필요가 생겼던 것이지요.

그런데 고려 시대에 문신과 무신은 단순히 업무만 다른 것이 아니었습니다. 고려 시대에는 관직의 높낮이를 총 18단계로 구분했습니다. 우선 1품부터 9품까지로 나누고, 같은 품계를 다시 '정'과 '종'으로 나누었지요. 문신과 무신 모두 3품까지는 될 수 있었지만, 최상위 등급인 1품과 2품에 오를 수 있는 것은 대부분 문신뿐이었습니다. 올라갈 수 있는 벼슬에 차이가 있었던 것이지요.

2품 이상의 고관은 '재신宰臣'과 '추밀樞密'이었는데, 이를 함께 지칭하여 '재추宰樞'라고 했습니다. 재추는 국가정책을 논의하는 관직

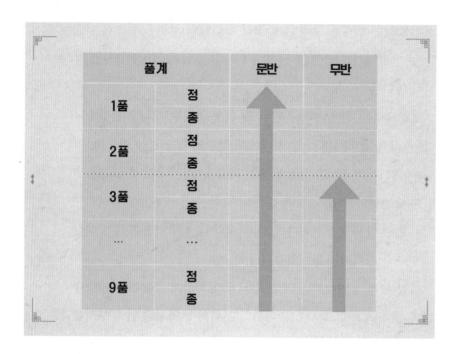

품계		문반	무반
1품	정		
	종		
2품	정		
	종		
3품	정		
	종		
…	…		
9품	정		
	종		

고려의 품계

으로, 왕을 제외하면 고려에서 가장 높은 직책이었습니다. 왕과 함께 나랏일을 의논하며 왕의 최종 결정을 돕는 일을 했지요. 문신은 국정을 논의하는 역할을 맡았기 때문에 재추에 오를 수 있었지만 무신은 정책을 논의하는 역할이 아니었기 때문에 재추가 될 수 없었습니다. 역할을 나누다 보니 무신이 오를 수 있는 직급에 한계가 생긴 것입니다. 하지만 이는 효율적인 국가 운영을 위한 역할 분담의 성격이 있었기 때문에 무신들은 이에 불만을 갖지 않았습니다.

당시 고려의 최고 회의 기구는 재추들이 모인 재추회의였습니다. 오늘날로 따지면 대통령 주최 국무회의인 셈이죠. 국가의 중요한 사안에 대한 회의는 재추회의에서 이루어졌습니다. 즉, 국가의 중대사를 논하는 자리에 무신은 제외된 것입니다.

그러니 어떻게 되었을까요? 처음에는 분업화로 시작했지만 문신들이 높은 위치에서 국정을 이끌어나가자 고려 사회는 문필 능력을 중시하는 풍조와 맞물려 점차 '무'보다 '문'을 우대하게 되었습니다.

만연한 무신 멸시! 무신, 평생의 원한을 품다

분위기가 이렇게 흘러가는 와중에 문신이 무신을 대놓고 얕보는 충격적인 사건이 발생합니다. 그 사건의 중심에는 한 무신이 있었지요.

> "그의 용모가 웅장하고 뛰어나며 눈동자가 네모났고 이마가 넓었다. 살결이 희고 수염이 아름다웠으며 신장이 7척이나 되어 그를 바라보는 것이 두려울 정도였다."
>
> 《고려사》128권 열전, 반역 정중부

《고려사》에서 묘사하고 있는 이 인물, 바로 무신 정중부입니다. 기록에 따르면 정중부는 외모부터 남달랐던 것 같습니다. 그를 바라보는 것조차 두려웠을 정도라니 신체 조건이 뛰어났을 뿐만 아니라 카리스마도 대단한 인물이었겠지요.

정중부는 견룡군牽龍軍의 장교였습니다. 견룡군은 용을 이끄는 군대라는 뜻으로, 여기서 말하는 용은 고려의 왕을 가리킵니다. 고려에서는 왕을 용의 후손이라고 생각했으니까요. 즉, 견룡군은 왕을 호위하는 군대였습니다. 지금으로 치면 대통령 경호부대라고 할 수 있겠지요.

그런데 1144년 음력 섣달그믐 밤, 왕이 새해를 맞이하며 연회를 베풀던 자리에서 39세 정중부의 인생을 송두리째 바꾼 사건이 일어납니다. 새해 복을 비는 행사가 한창인 궁궐에서 신하들이 자유롭게 연회를 즐기고 있었는데, 갑자기 한 문신이 촛불을 들고 오더니 정중부의 수염을 태워버린 것입니다.

고려인들은 수염을 외모에서 매우 중요한 부분으로 생각했습니다. 더군다나 정중부의 수염은 역사서에도 기록될 만큼 아름다운 수염이었으니 정중부 입장에서는 무척 화가 났겠지요.

이 무례한 일을 벌인 이의 이름은 김돈중. 정중부보다 한참 어린, 이제 막 과거에 급제한 새내기 문신이었습니다. 정중부는 견룡군의 하급 장교인 '대정'이었으니 지위의 차이는 크지 않았으나, 수염을 태우는 것은 장난으로 넘길 수 없는 무척 무례한 행동이었습니다. 정중부가 무신이라서 얕잡아 본 것이지요.

대체 왜 고려의 무신들은 이렇게 천대받았던 것일까요? 고려 전기만 해도 거란의 침입과 여진 정벌 등 무신들이 활약할 일이 많았지만, 전쟁이 뜸해지면서 무신들의 역할 또한 줄어듭니다. 점차 왕과 문신이 경전으로 토론하거나 시를 주고받는 것을 중요하게 여기는 분위기가 만들어졌지요. 문장 능력을 높이 평가하고 귀중하게 생각하면서 무신을 멸시하는 경향도 뚜렷해졌습니다. 김돈중이 정중부의 수염을 태우는 사건도 이러한 무신 멸시 풍조 속에 일어난 것입니다.

수염이 불탄 정중부는 화를 참지 못하고 김돈중에게 주먹을 휘둘렀습니다. 그런데 왕은 모든 과정을 지켜보았음에도 김돈중을 벌하려 하지 않았습니다. 오히려 정중부가 벌을 받을 위기에 처했죠.

김돈중이 아무리 안하무인인들 믿는 구석도 없이 그런 사건을 저질렀을 리 없겠죠? 김돈중의 아버지는 바로 고려 최고의 정치가 김부식이었습니다.

김부식은 대한민국에 현존하는 가

김부식 고려 전기 문신으로 뛰어난 유학자이며 '묘청의 난'을 진압하고 문하시중이 되었다. 국립현대미술관 소장.

삼국사기 1145년에 김부식 등이 고려 인종의 명을 받아 편찬한 삼국 시대 역사서. 우리나라 최초의 정사正史로 50권으로 이루어져 있다. 계명대학교 소장.

장 오래된 역사책 《삼국사기》를 엮은 인물입니다. 고려 전기의 대표적인 역사가이자 정치가로, 당시에는 문하시중을 맡고 있었지요. 문하시중은 관리로서 실무직으로 가장 높이 올라갈 수 있는 품계인 종1품에 해당하는 최고위직이었습니다. 지금으로 따지면 국무총리와 같은 지위였지요.

그렇다면 최고위직 아버지를 뒷배로 둔 김돈중의 직책은 무엇이었을까요? 그는 바로 내시內侍였습니다. 내시라고 하면 환관과 같은 의미로 생각하기 쉽지만, 고려 시대에는 환관과 내시가 완전히 다른 직책이었습니다.

환관은 어린 시절 남성의 생식기능을 잃은 사람으로 대다수가 천민이나 노예 출신이었고, 궁궐 청소와 심부름 같은 궁궐 내 잡일을 담당했습니다. 반면 내시는 과거나 음서를 통해 선발된 문신으로 왕명 전달, 호위, 왕실 창고 감독 등을 맡아 왕과 가까운 곳에서 일했습니다. 정치적 출세가 보장된 엘리트 코스 중 하나였지요.

김돈중은 과거에 2등으로 합격했지만 왕이 그가 김부식의 아들이라는 이유로 1등으로 올려주었고, 곧장 내시로 임명했습니다. 이것만 보아도 그의 위세가 얼마나 등등했는지 짐작할 만합니다.

아들이 정중부에게 맞았다는 소식은 곧바로 김부식의 귀에 들어갔고, 김부식은 아들의 잘못은 생각하지도 않은 채 왕에게 정중부를 엄벌해달라고 요청했습니다. 김부식의 위치가 위치이니 만큼 왕도 그의 말을 무시할 수 없었습니다. 왕은 알겠다고 대답했지만, 정중부를 처벌하기를 원하지 않았기 때문에 정중부를 피신시킵니다.

나이 어린 문신의 장난으로 수염을 잃고 오히려 벌을 받을 상황에 놓인 정중부. 그의 마음은 어땠을까요?

> "정중부는 이 일로 김돈중에게 앙심을 품게 되었다."
>
> 《고려사》 128권 열전, 반역 정중부

정중부는 김돈중에게 받은 치욕을 오랫동안 잊지 않았다고 합니다. 그 뒤로도 두 사람의 악연은 계속 이어졌지요. 김돈중이 정중부의 수염을 태워버린 사건은 무신들이 문신들에게 큰 분노를 품게 되는 결정적인 계기가 되었습니다.

의종의 연회정치에서
소외당한 무신들의 설움

수염 사건이 일어났을 당시 고려의 왕은 제17대 인종이었습니다. 무신들의 쿠데타가 일어난 것은 그의 아들 의종이 왕위에 있을 때지요. 의종과 무신들 사이에는 무슨 일이 있었던 것일까요? 그걸 알기 위해서는 먼저 의종이 어떻게 왕위에 올랐는지를 살펴봐야 합니다.

의종은 인종의 적장자로 태어났습니다. 하지만 부모에게 인정을 받지 못했습니다. 왕의 자질을 갖추기 위한 공부에 그다지 관심이 없었기 때문입니다. 아버지인 인종은 큰아들이 임금의 자리를 감당하지 못할 인물이라고 생각했고, 어머니는 둘째 아들을 더 사랑해서 의종의 동생을 후계자로 삼고 싶어 했습니다.

> "처음 태후가 둘째 아들을 사랑하여 그를 태자로 세우고자 하였으므로 그런 까닭에 왕(의종)이 원망하였다."

　자신이 아닌 동생을 태자로 세우고 싶어 하다니, 어머니가 원망
스러울 만도 하겠죠. 그런데 의종의 스승이자 인종이 신임했던 정
습명이라는 신하가 마음을 다해 의종을 보필하였고, 의종은 그의
지지에 힘입어 겨우 왕이 될 수 있었습니다.

　힘겹게 왕이 된 의종은 불안했습니다. 지지기반이 약하니 왕 노
릇을 제대로 할 수 없을 것이라는 본능적인 불안을 느낀 것이지요.
그래서 자신의 곁에서 힘이 되어줄 측근 세력을 키우기 시작했습
니다. 그 첫 번째가 왕의 친위군인 견룡군이었습니다. 의종은 잦은
훈련을 통해 견룡군을 강한 부대로 만들고 세력을 키워 왕권을 강
화하려 했지요.

　왕의 곁에서 일하는 환관과 내시 세력 또한 중점을 두고 키웠습
니다. 의종은 이들에게 관직을 주고 힘을 실어줌으로써 궁궐 내에
든든한 지지기반을 다지려 했습니다. 환관은 조정 신하를 견제하
는 역할을 했기 때문에 의종에게 꼭 필요한 세력이었거든요.

　측근 세력을 통해 왕권을 강화하려 했던 의종은 걸핏하면 궁에
서 연회를 벌였습니다. 여기에는 의종의 의도가 숨어 있었습니다.
더욱 많은 측근 세력을 만들고 또 그들이 단단하게 결속하기를 원
했던 것입니다. 게다가 의종은 문신들을 불러 함께 놀고 선물도 주
면서 관료 사회까지 장악하려 했습니다. 이른바, 연회정치라고 할

수 있지요.

이에 반대하는 신하들도 물론 있었습니다. 연회가 잦아질수록 조정에서 국정을 논의하는 일은 등한시했으니까요. 그러나 조정 신하들의 바람에도 불구하고 연회는 점점 더 자주 열렸습니다. 《고려사》 의종 말년의 기록을 보면 그 연회가 얼마나 크고 화려했는지 알 수 있습니다.

> "어선은 수놓은 비단으로 장식하고 임시로 비단을 써 돛을 만들어서 뱃놀이하는 즐거움을 삼았다. 극히 사치스럽고 화려함을 다하였는데, 백성을 힘들게 하고 재물을 낭비하면서 3년 만에야 완성한 것이었다."
>
> 《고려사》 18권, 의종 21년(1167) 4월 11일

의종은 정자에서 연회를 열어 배를 띄우고 놀기를 즐겼는데, 특히 자신의 생일에는 그 배를 온통 비단으로 수놓아 화려하게 꾸몄습니다. 모두 백성들의 고혈을 짜내 마련한 돈이었지요. 그래도 생일에만 그랬으면 그러려니 하련만 의종은 평소에도 그 배에서 밤낮을 가리지 않고 술을 마시며 시를 주고받았습니다. 밤새 이어진 연회는 다음 날 오후에야 끝나곤 했고, 연회에 참석한 이들은 술에 취해 정신을 차리지 못할 정도였다고 합니다.

"배를 띄워 취하도록 즐기며 밤새도록 끝나지 않았다. 다음 날 여러 신하가 모두 크게 취하여 모자에 꽃을 잔뜩 꽂은 채 수레에 거꾸로 실려 나왔다."

《고려사》 19권, 의종 24년(1170) 윤5월 4일

계속되는 의종의 사치와 향락을 보다 못해 관직을 버리고 떠나는 신하들도 있었습니다. 의종 곁에는 그의 환심을 사려는 환관과 내시, 측근 문신들만 남게 되었지요. 국정을 제대로 이끌기 위해서는 많은 신하의 복종과 지지를 얻어야 하는데, 연회를 열수록 왕의 지지기반은 축소되었습니다. 조정 신하들의 불만은 극에 달했습니다.

그럼 왕이 연회를 즐기는 동안 견룡군은 무엇을 하고 있었을까요? 왕의 호위 임무를 수행해야 했던 견룡군은 연회에 참석할 수 없었습니다. 대신 여름엔 뙤약볕 아래에서, 겨울엔 추위에 벌벌 떨면서 경비를 섰지요. 왕의 측근 세력이었는데도요. 상장군과 대장군 같은 고위직 무신도 마찬가지였습니다. 왕이 애써 양성한 친위군도 이런 대접을 받았으니 다른 무신들과 군인들이 받은 대우는 더 말할 것도 없겠지요.

애초에 문신들은 친위군을 키워서 왕권을 강화하려는 의종의 생각에 반대했습니다. 왕과 신하가 힘을 합해 국정을 논의하며 정치를 해야 하는데 그 이념에 맞지 않는다는 이유였습니다. 그러자

왕은 친위군 대신 다른 측근 세력인 환관과 내시에게 힘을 실어주었고, 시를 주고받는 연회정치를 펼치며 문신을 끌어들였던 것입니다. 무신은 문신보다 글 짓는 실력이 부족할 테니 이에 참여하기 어려웠겠지요. 자연히 소외될 수밖에 없었습니다.

연회는 밤낮없이 열렸고 밤을 새워야 끝이 났기 때문에 왕을 경호하는 무신들과 군인들은 몹시 고단했습니다. 의종과 문신들이 가마를 타고 이동하는 동안 무신들과 견룡군은 이들을 호위해야 했죠. 사치와 향락을 즐기는 왕과 문신들과 달리 무신들은 수준 낮은 처우를 받았기 때문에 분노는 쌓여만 갔습니다.

게다가 연회를 좋아하는 왕은 경치 좋은 곳에 정자나 연못을 많이 만들었는데, 이 공사에 동원되는 인력 또한 대부분 군인이었지요. 중미정이라는 정자를 지을 당시에는 가슴 아픈 일도 있었습니다. 군인들을 공사에 동원해놓고는 밥도 주지 않아 각자 도시락을 싸와야 했는데, 그중 한 군인은 너무 가난해서 아무것도 챙겨 오지 못했다고 합니다. 다른 군인들이 밥을 한 숟갈씩 모아줘서 겨우 배를 채울 수 있었지요.

그러던 어느 날, 이 군인의 아내가 음식을 장만해 일터에 찾아왔습니다. 그동안 도움을 받은 사람들과 같이 먹으라는 것이었지요. 이상한 생각이 든 군인은 버럭 화를 내며 아내를 추궁했습니다.

"집이 가난한데 어떻게 음식을 마련했는가? 다른 사람과 정을 통해서 얻었는가? 아니면 다른 사람의 것을 훔쳤는가?"

그 말을 들은 아내는 말없이 머리에 쓰고 있던 수건을 벗었습니다. 아내에게는 머리카락이 하나도 남아 있지 않았습니다. 머리카락을 잘라 판 돈으로 음식을 준비했던 것입니다.

자초지종을 알게 된 군인은 흐느껴 우느라 음식을 먹지 못했습니다. 옆에 있던 사람들도 이야기를 듣고 함께 슬퍼했지요. 나라를 위해 열심히 일하는데도 아내가 머리카락을 팔아야 할 만큼 형편이 어렵다니, 어처구니없는 일입니다. 무신과 군인의 불만은 점점 커져갈 수밖에 없었습니다.

억울한 누명을 쓴 무신들
김돈중의 화살 사건

1167년, 무신들의 불만이 한층 더 쌓이는 일이 발생합니다. 때는 정월 14일, 왕이 절에서 연등회 행사를 마치고 돌아오던 밤이었습니다. 그런데 갑자기 의종의 수레 옆으로 화살이 우수수 떨어졌습니다. 의종은 깜짝 놀랐겠지요. 이런 경우 왕은 본능적으로 암살의 위협을 느낍니다.

자기를 죽이려는 자가 화살을 쐈다고 생각한 의종은 급히 궁궐로 돌아와 범인을 잡기 위해 방을 붙이도록 했습니다. 범인을 제보하면 신분 고하를 따지지 않고 관직과 함께 어마어마한 재산을 주겠다는 내용이었습니다.

"화살을 쏜 적을 고하는 자는 관직이 있고 없고를 논하지 않고 천한 노예들 또한 관직을 얻도록 허락할 것이며, 아울러 은 200근을 주고, 여자의 경우에는 은 300근을 줄 것이다."

《고려사》18권, 의종 21년(1167) 1월 15일

범인 색출에 관직과 현상금까지 내걸었지만, 범인을 찾기는 고사하고 봤다는 사람조차 나오지 않았습니다. 나라의 중요한 일은 재추와 논의했기 때문에, 의종은 재추들을 질책하기 시작했습니다.

결국 재추들은 범인으로 의심되는 자들을 모조리 잡아왔고, 그중에는 의종의 동생이 부리던 하인도 있었습니다. 그는 가혹한 심문을 견디지 못해 자신이 범인이라고 자백합니다. 의종은 그의 목을 베어버렸지요. 하지만 처벌은 여기서 끝나지 않았습니다. 친위군 장교 14명이 왕을 제대로 지키지 못했다는 이유로 유배를 가야 했던 것입니다. 범인은 물론이고 왕을 호위했던 무신들까지 처벌을 받은 것이지요.

여기까지 보면 그럴 수도 있겠다 싶지요. 그런데 문제는 화살 사건의 진범이 따로 있다는 것입니다. 당시 고려에는 왕의 비서에 해당하는 '좌승선'이라는 직책이 있었습니다. 사건이 벌어졌던 날, 좌승선은 왕의 가마에 바짝 붙어 왕을 따라 가고 있었지요. 그런데 좌승선은 훈련이 덜 된 말을 탔던 모양입니다. 징과 북소리가 울리자 그 말이 깜짝 놀라 날뛰었고 다른 군사와 부딪쳤습니다. 그 순간, 군사의 화살통에서 화살이 쏟아져 왕의 수레 옆으로 떨어졌습니다. 왕은 그 일을 암살 사건으로 오해했고, 좌승선이 자신의 실수라고 말할 틈도 없이 일이 커져버렸던 것이지요.

좌승선이 입을 다문 까닭에 애꿎은 사람이 범인의 누명을 쓴 채 목숨을 잃었습니다. 왕을 경호했던 친위군 장교들 또한 억울하게 유배를 간 셈이지요. 그렇다면 진실을 감춰서 일을 키우고 남에게 죄를 덮어씌운 이 좌승선은 누구일까요? 바로 정중부의 수염을 태웠던 김부식의 아들, 김돈중이었습니다.

당시 무신들이 이 사실을 알았는지는 알 수 없지만, 기록으로 남은 것을 보면 나중에라도 밝혀진 것 같습니다. 무신들은 당연히 분노했겠지요.

연등 행사를 마치고 돌아오는 길에 화살 사건이 벌어졌는데도, 의종은 성 밖 외출과 연회를 그만두지 않았습니다. 무신들과 군인들은 주린 배를 움켜쥐며 밤새 호위를 해야 했는데도요. 더 이상 왕을 막을 수 없게 되자 연회를 싫어하던 신하들조차 함께 즐기기 시작했습니다.

왕의 측근 문신들은 연회장 밖에서 고생하는 무신과 군인을 하대했고, 서러움과 멸시로 차곡차곡 쌓인 분노는 터지기 직전에 이르렀습니다.

더 이상 참을 수 없는 분노!
반란을 꾀하다

부당한 처우에 불만을 품었던 견룡군 중 두 사람, 이의방과 이고는 결국 정변을 일으키기로 결심합니다. 하지만 하급 지휘관이었던 두 사람만으로는 쉽지 않은 일이었던지라, 더 많은 군사를 모으고 정변을 지휘할 고위 무신을 찾아 나서야 했지요. 그들이 찾아간 인물은 정3품 상장군의 아들 우학유였습니다.

우학유는 신념이 곧고 뜻이 큰 무신이었습니다. 그는 함께 정변을 일으키자는 이의방과 이고의 말에 거절의 뜻을 밝혔습니다. 분한 마음은 있지만, 문신들의 세력이 워낙 강하니 자칫하면 오히려 더 큰 해를 당할 수 있다는 이유였습니다.

> "공들의 뜻이 크구나. 그러나 내 아버지께서 항상 나에게 말씀하시길, '무관이 문관에게 굴욕을 당한 지 오래되었으니, 어찌 분하지 않겠느냐? (…) 하지만 문관이 해를 당하면 그 화가 우리에게도 미칠 것이니 삼가야 한다'고 하셨다."
>
> 《고려사》 100권 열전, 제신 우학유

이의방과 이고는 포기하지 않고 정변에 힘을 보탤 인물을 다시 찾습니다. 그리고 무신정변을 일으키는 데에 큰 힘이 되어줄 정변의 조력자를 찾아냅니다. 바로 정중부였습니다. 수염 사건으로 굴욕을 겪은 지 26년이 지난 후였고, 하급 장교였던 그도 이제는 무신 중 가장 높은 지위인 정3품 상장군에 올라 있었지요.

세 사람이 만난 1170년 4월의 어느 날, 이날도 왕은 측근 문신들과 함께 시간 가는 줄도 모르고 술을 마시며 시를 읊고 있었습니다. 무신들은 아무것도 먹지 못한 채 배고픔을 달래고 있었는데 말입니다. 이의방과 이고가 정중부에게 은밀히 다가가 말했습니다.

> "문신들은 득의양양하여 취하도록 술을 마시고 배부르게 음식을 먹는데, 무신들은 모두 굶주리고 피로하니 이것을 어찌 참을 수 있겠습니까."
>
> 《고려사절요》 11권, 의종 24년(1170) 4월

우리는 이렇게 굶주리고 힘든데 문신들만 배불리 먹고 웃으며 떠드는 모습이 분하지도 않느냐는 것이었습니다. 그 순간 정중부의 머릿속에는 문신들에게 모욕을 당했던 일들이 주마등처럼 지나갔겠지요. 가장 먼저 뇌리를 스친 것은 김돈중이 자신의 수염을 태워버린 그날의 기억이었을 것입니다. 정중부는 마침내 이의방, 이고와 함께 정변을 준비하기 시작합니다. 세 사람은 나라를 뒤집기로 마음먹고 때를 기다렸지요.

정변의 도화선이 된
뺨 한 대

정중부와 이의방, 이고가 서로의 마음을 확인한 지 4개월이 지난 1170년 8월, 의종은 궁궐과 멀리 떨어진 곳으로 나들이를 갑니다. 개경 동쪽 연복정이라는 정자에서 놀다가 개경 남쪽에 있는 왕실 사찰 흥왕사에서 놀 계획이었지요. 그러고는 나들이 후에 보현원으로 가겠다고 했습니다. 보현원은 사찰인 동시에 고려의 왕들이 자주 행차하여 머문 일종의 행재소였습니다. 의종 역시 여러 번 그곳을 거처로 사용했습니다.

적은 수의 호위 부대와 무신들이 의종을 호위했습니다. 정변을 일으킬 절호의 기회였지요. 때가 왔다고 판단한 정중부는 이의방과 이고를 불러 나들이 후에 왕이 궁궐로 가면 정변을 미루고, 보현원으로 가면 정변을 일으키자고 말했습니다.

예상대로 왕은 보현원으로 향했고 정중부와 이의방, 이고도 왕을 호위하며 따라갔습니다. 그런데 갑자기 가마를 멈춘 의종이 무신들에게 예정에 없던 무예 행사 '오병수박희'를 제의했습니다. 오병수박희는 수박手搏이라는 맨손 무술로 무예를 겨루는 대회입니다.

의종은 이전에도 무신들에게 종종 오병수박희를 시켰습니다. 멋진 실력을 보이면 관직을 내리거나 승진을 시켜주기도 했지요.

무신들이 자신들의 처지를 불평하고 있
다는 사실을 눈치챘기 때문에 무예 행
사를 열어서 그들의 노고를 위로하려
했던 것입니다.

이날, 드디어 앞에서 말했던 사건이
벌어지고 맙니다. 대장군 이소응과 한
장수가 오병수박희에 참여했습니다. 늙
고 야윈 이소응은 한창 겨루던 중 힘이
떨어져 경기를 포기했지요. 그러자 왕
의 측근 문신인 한뢰라는 인물이 벌떡
일어나 이소응의 뺨을 때렸습니다. 얼
마나 세게 내리쳤는지 노장 무신 이소

수박 《무예도보통지》에 설명되어 있는
수박의 한 장면. 한국학중앙연구원 제공.

응은 계단 아래로 떨어지기까지 했다고 합니다.

당시 이소응은 종3품 대장군이었고 한뢰는 종5품의 문신이었는
데 왕과 신하들은 그 모습을 보며 박장대소하기만 했습니다. 젊은
문신에게 뺨을 맞은 것도 모자라 멸시까지 당하다니, 이소응은 참
담한 심정이었을 것입니다.

한뢰는 왜 이소응의 뺨을 때렸을까요? 왕의 측근 문신들은 오병
수박희를 계기로 무신들이 승진하거나 왕의 총애를 받는 것을 질
투했습니다. 그래서 이소응의 뺨을 때려 무신들에게 모욕을 주고
웃음거리로 만들고자 했던 것이지요.

모두가 웃는 와중에 정중부가 한뢰를 날카롭게 다그쳤습니다.

"이소응은 비록 부신이나 관식이 3품인데 어찌 이렇게까지 심하게 욕을 보이는가."

이때, 이 광경을 지켜보던 이고가 칼집에서 칼을 빼들고 정중부에게 눈빛을 보냈습니다. 당장 문신들을 베어버리겠다는 생각이었던 것입니다. 정중부는 눈짓을 보내 이고의 행동을 저지했습니다. 보현원에 도착하지 않았으니 아직은 때가 아니라고 생각했던 모양입니다. 사전에 계획해둔, 개경에서 멀리 떨어진 장소에서 정변을 일으키는 것이 더 안전하다고 생각했겠지요.

터질 것 같은 마음을 안고 이의방과 이고는 왕의 행렬을 앞질러 보현원으로 향합니다. 한뢰가 내리친 뺨 한 대는 그동안 꾹꾹 참고 눌러왔던 무신들의 분노를 폭발시키는 점화장치가 되었습니다.

보현원에는 왕이 머무는 장소를 순찰하며 호위하는 또 다른 친위대인 순검군이 도착해 있었습니다. 부대가 달랐기 때문에 이의방과 이고는 순검군을 직접 지휘할 수 없었고, 모든 무신과 친위대가 정변을 모의한 것은 아니었기 때문에 사전에 합의가 되지 않은 순검군이 정변에 반발할 가능성도 있었습니다. 그래서 먼저 도착한 이의방과 이고는 왕명을 거짓으로 꾸며 군사들을 한데 모았습니다. 그들과 논의할 시간이 필요했기 때문이죠. 마침내 그들은 순검군의 협력을 약속받고 왕이 도착하기를 기다렸습니다.

보현원에 불어닥친 피바람
무신정변의 시작

의종은 아무것도 모른 채 보현원으로 들어왔습니다. 그리고 곁에 있던 신하들이 물러나 대기하려는 바로 그 순간! 무신들이 칼을 뽑아들고 순식간에 왕의 측근인 문신들을 베어버렸습니다. 무신들이 권력을 잡는 100년의 역사가 시작된 첫날이었습니다.

정변의 불씨를 지핀 한뢰는 환관의 도움을 받아 왕의 침상 밑에 숨지만, 곧 정중부에게 발각되고 맙니다. 무신들이 위협하자 한뢰가 밖으로 나왔고 그들은 저항할 틈도 주지 않고 한뢰를 죽여버립니다.

사건의 원흉인 한뢰는 죽었지만, 무신들의 분노는 가라앉지 않았습니다. 곧 본격적인 대살육이 시작됐습니다. 정중부와 이의방은 처음에 관모를 벗고 오른쪽 어깨를 드러내기로 약속했는데, 그와 같은 모습을 하지 않은 자들은 모조리 베어 죽였습니다. 왕을 따라 보현원에 갔던 문신과 환관 대부분이 해를 당했습니다.

보현원을 접수한 정중부는 용감하고 날랜 군인들을 뽑아 이의방, 이고와 함께 개경의 궁궐로 보냅니다. 궁궐에 도착한 이의방은 사람들을 시켜 길에서 이렇게 외치게 했습니다.

"문신의 관을 쓴 자는 비록 서리라도 씨를 남기지 말고 죽여라!"

무신정변을 한마디로 나타내는 말입니다. 행정 실무나 잡무, 보조 일을 하던 관청의 하급 실무자 서리를 포함해 아무리 낮은 직급이라도 문신이면 모두 숙이라고 한 섯입니다. 궁 안에 있딘 문신들은 영문도 모른 채 죽어나갔습니다. 이날 죽은 사람들의 숫자는 정확히 알려지지 않았지만, 상당히 많은 수였음은 분명합니다.

이의방과 이고가 문신들을 죽이고 궁을 장악하자 정중부는 왕과 함께 궁으로 돌아옵니다. 그런데 궁궐에 도착한 다음 날, 생각지 못한 상황이 벌어지지요. 살아남은 문신과 환관들이 정중부 암살을 시도했던 것입니다. 정변 세력 중 가장 높은 직위를 가지고 있었던 정중부는 정변의 상징과도 같은 인물이었습니다. 그가 암살당한다면 구심점이 사라질 것이고, 정변 또한 그대로 끝나버릴 수 있었겠지요. 하지만 누군가가 환관들의 계획을 정중부에게 미리 알려줌으로써 암살 계획은 완전히 실패하고 맙니다. 화가 난 정중부는 계획에 가담한 내시 10여 명과 환관 10여 명을 찾아내 살해하고 왕까지 가둬버립니다.

개경을 장악한 무신들
끝없는 원한과 분노

환관들의 정중부 암살 계획이 실패로 돌아간 날, 무신들은 한밤중에 왕을 궁궐에서 쫓아냅니다. 그다음 날에는 거제도로 추방해

거제 둔덕기성 삼국 시대 신라의 성곽으로 고려 때도 성벽이 수축되었다. 고려 의종이 거제도에 유배되었을 때 머물렀던 장소로 전해진다. 폐위된 후에 머물던 곳이라 '폐왕성廢王城'이라고도 불렸다. 조선 초 고려 왕족들이 유배된 장소로 전하기도 하여 역사성을 지니고 있다. 한국학중앙연구원 제공.

버리지요. 개경에서 거제도는 직선거리로만 따져도 약 400킬로미터나 됩니다. 차도 기차도 없는 시대에 400킬로미터라니, 정중부 일파는 왕이 다시는 개경으로 돌아올 생각을 하지 못하도록 한 것이지요. 무신들이 결국 정변에 성공해 왕을 폐위시키고 정권의 중심에 선 것입니다.

이고는 의종을 죽이려고 했지만, 정중부와 이의방은 의종과 태자를 폐위하기만 하고 의종의 둘째 동생이자 인종의 셋째 아들을 새 왕으로 추대합니다. 그가 바로 고려 제19대 왕인 명종입니다.

화근을 없애려면 아예 왕을 죽이고 왕좌에 앉을 수도 있었을 텐데 왜 정중부는 왕을 살려두었던 것일까요? 무신들이 권력을 잡기는 했지만, 그렇다고 하루아침에 왕의 권위가 땅에 떨어진 것은 아니었습니다. 고려 사람들은 아무나 왕이 될 수 없다고 생각했으니까요. 왕건의 힐아비지가 서해 용왕의 딸과 혼인했다는 설화가 전해지면서 왕건의 후손은 용의 자손이자 특별한 존재로 여겨졌습니다. 왕건의 후손 외에는 누구도 왕이 될 수 없다고 믿었지요. 무신들이 왕건의 후손 중 한 명을 골라 새로운 왕으로 세운 것도 이런 이유에서였습니다.

이제 슬슬 정변이 정리되는 것 같기도 합니다만, 아직 언급되지 않은 인물이 하나 있지요. 바로 정중부가 오래도록 미워했던 김돈중입니다. 왕과 함께 보현원에 갔던 김돈중은 정변 상황에서 감쪽같이 사라졌습니다. 일찌감치 이상한 분위기를 감지하고 도망쳤던 것입니다.

정중부는 포기하지 않았습니다. 원한이 깊었던 만큼 현상금을 걸어 김돈중을 공개 수배했지요. 결국 현상금이 탐났던 하인이 자신의 주인을 밀고했고, 김돈중은 정중부에게 붙잡혀 죽음을 맞이했습니다. 무신정변의 성공과 함께 정중부의 오랜 원한도 그제야 풀린 셈이지요.

겨우 살아남은 문신들은 어떻게 되었을까요? 이고는 이들을 불러 모아 모조리 죽이려 했습니다. 하지만 정중부는 반대했지요. 그중에는 무신들에게 호의적인 사람도 있었기 때문입니다. 또 현실적으로 가장 큰 문제는 문신들을 모두 죽이면 나라를 운영하는 데 어려움이 생긴다는 점이었습니다. 그럼에도 군인들은 분노를 멈추지 못했나 봅니다. 하급 군인들이 저항하는 문신을 죽여 물에 던지고, 공사 중에 자신들에게 돌을 나르라고 지시했던 문신을 죽여 시체 위에 돌을 올려놓기도 했다니까요. 그래도 화가 풀리지 않았는지 죽은 문신의 집을 헐어버리기까지 했습니다. 혼란은 한동안 계속되었습니다.

왕이 신하에게
폐위된 엄청난 사건

정변을 일으킨 무신들은 고려를 멸망시키거나 왕이 되려고 한 것은 아니었습니다. 그들이 바란 것은 문신처럼 국정을 주도적으로 이끌어가는 것이었습니다. 무신정변 이후에는 그 바람대로 무신들도 문반 관직을 얻어 국정 운영에 참여합니다. 왕과 문신의 힘이 약해진 사이에 자신들의 뜻을 펼치고자 했지요.

그런데 또 한 번의 정변이 일어납니다. 거제도로 추방당한 의종을 복위시키려는 이들이 있었던 것입니다. 무신들은 정변 세력을 제압하고 결국에는 의종을 죽입니다. 의종이 살아 있는 한 이런 일이 계속 일어날 것이라고 생각했기 때문이죠. 의종의 죽음으로 고려는 무신정변 이전으로 돌아갈 수 없게 되었습니다. 이후 무신 집권기가 본격적으로 전개됩니다.

무신정변으로 하늘이 내린 왕이 신하에게 죽임을 당했습니다. 그것도 왕을 지키던 호위군이 왕을 죽였으니, 고려 500년 역사에서 매우 충격적인 사건인 셈입니다. 그럼 왕까지 죽이면서 집권한 무신들은 순탄하게 고려를 이끌었을까요? 그럴 리가요. 무신정변의 중심인물인 정중부, 이의방, 이고는 권력을 차지하기 위해 죽고 죽이는 싸움을 이어갔지요. 이후에도 무신들의 피 튀기는 권력 다툼은 계속되었습니다. 그 결과, 명종이 왕위에 있던 27년 동안 무신정권은 무려 4번이나 교체됩니다.

이러한 무신정변이 주는 의미는 특별합니다. 원래 고려는 국왕과 신하가 합의를 통해 이끌어가는 나라였습니다. 어느 한쪽이 마음대로 권력을 행사하거나 독주하는 것을 가장 위험한 일이라고 생각해 경계했지요. 왕과 신하, 신하와 신하 사이의 균형을 추구했던 나라가 고려입니다. 문신과 무신의 구분 또한 국가를 효율적으로 운영하기 위한 것이었을 뿐, 무신을 억압하거나 멸시하려는 의도는 아니었습니다. 하지만 그런 합의와 원칙이 무너졌기에 무신정변이 일어났지요. 차별과 갈등으로 인해 오랜 시간 쌓인 모멸감과 분노가 정변의 원인이 된 것입니다.

고려를 이끌었던 왕과 문신들은 권력에 취해 국정을 농단하면 어떻게 될지 전혀 예견하지 못했습니다. 이전 역사를 살펴보면 비슷한 사례들이 많지만, 그들은 역사 공부를 소홀히 했지요. 결국 빈곤한 상상력 탓에 그들은 시퍼런 칼날에 목을 내주게 되었습니다.

역사는 권력을 쥔 자들에게 늘 이야기합니다. 과거를 공부하고, 그를 통해 자신의 선택이 어떤 결과를 가져올지 상상하라고. 건강하고 풍부한 상상력을 갖는 것, 이 또한 우리가 지나간 역사를 공부해야 하는 중요한 이유 중 하나가 아닐까요?

2장

멸거멎은
여몽전쟁

이명미 (경상국립대학교 역사교육과 교수)

고려 민초들은 어떻게
세계 최강 몽골에 맞섰나

경상남도 합천군에 있는 고찰 해인사에는 수만 개의 나무판이 보관되어 있습니다. 건물 천장까지 빽빽하게 꽂혀 있는 이 나무판의 개수는 무려 81,258장! 이를 모두 쌓으면 약 3,250미터로 그 높이가 백두산보다 더 높다고 하니 정말 어마어마한 양이지요? 이 대단한 나무판들의 정체는 바로 대한민국 국보이자 유네스코 세계기록유산으로도 등재된 우리나라의 자랑 '팔만대장경'입니다.

대장경大藏經이란 석가모니의 설교, 제자들의 해석, 불교의 계율을 비롯해 그에 관한 후대의 저서까지 총망라한 경전을 뜻합니다. 그 방대한 내용을 고려인들이 16년에 걸쳐 손으로 한 글자, 한 글자 새겨서 팔만대장경을 완성했습니다.

그렇다면 고려인들은 왜 지극정성으로 팔만대장경을 만들었을까요? 바로 몽골의 침입 때문이었습니다. 당시 몽골 군대는 세계 최강이라 불리며 아시아를 넘어 동유럽까지 진출해 대제국을 건설했습니다. 엄청난 수의 몽골군이 침략하자 고려는 속수무책으로 짓밟힐 수밖에 없었지요. 몽골의 침략은 여러 차례 계속되었고, 백성들의 피해는 점점 커지기만 했습니다. 결국 불교의 힘을 빌려 세계 최강 몽골군을 물리치고자 팔만대장경을 만든 것이지요. 팔만대장경에 새겨진 글자는 5천만 자가 넘습니다. 이 글자 하나하나에 고려 백성들의 간절한 마음이 담겨 있는 셈입니다.

고려의 민초들은 진심을 다해 기도하는 한편, 무기를 들고 나서

합천 해인사 팔만대장경 문화재청 제공

면서까지 나라를 지키려고 애썼습니다. 고려의 민초들은 어떤 마음으로 전 세계를 벌벌 떨게 만든 몽골군에 직접 맞섰던 것일까요? 지금부터 여몽전쟁에 숨겨진 이야기들을 벗겨보겠습니다.

고려에 쳐들어온 몽골은
얼마나 강한 나라였나

세계를 제패한 최강국 몽골의 기마부대는 누구에게나 공포의 대상이었습니다. 대체 어느 정도였기에 이토록 공포심을 조성했을까요?

몽골이 고려에 쳐들어온 13세기경 몽골이 지배한 영역을 보면

12~13세기 몽골의 최대 영역

칭기즈칸 초상

그들의 힘이 얼마나 강했는지 알 수 있습니다. 12~13세기에 몽골은 중국은 물론이고 러시아, 중동, 일부 동유럽 국가까지 정복하며 인류 역사상 가장 넓은 영토를 차지했습니다. 당시 세계의 절반 가까운 땅이었지요.

몽골을 초강대국으로 이끈 지배자는 그 유명한 칭기즈칸입니다. 칭기즈칸은 몽골의 기마부대를 이끌며 수많은 나라를 정벌했습니다. 그의 뒤를 이은 후손들이 계속 정복전을 펼쳐 역사상 전무후무한 대제국이 완성되었지요.

그런데 사실 칭기즈칸의 몽골군은 그 수가 많지 않았습니다. 그럼 어떻게 전투에서 승승장구할 수 있었을까요? 몽골군은 일부 지역에서 의도적으로 무자비한 살육을 행해 악명을 드높였습니다. 잔인한 행실로 공포심을 조성하여 다음 정벌지의 사람들이 몽골군이 오고 있다는 소식만 듣고도 항복을 준비하게 만들기 위함이었습니다.

또 다른 전략은 군사의 수를 부풀리는 것이었습니다. 몽골군은 정벌한 지역의 포로들을 몽골인으로 위장시켜 대군처럼 보이게 했다고 합니다. 안 그래도 공포에 질려 있던 적들은 위장한 몽골군을 보고 전의를 상실해버렸지요. 그렇게 칭기즈칸은 동서양에 걸친 대제국을 건설했습니다.

의문의 살인 사건
고려 침략의 빌미가 되다

그런데 대륙을 중심으로 영역을 확장하던 몽골이 1231년 군사를 이끌고 돌연 고려 땅에 쳐들어왔습니다. 이유가 무엇이었을까요? 바로 의문의 살인 사건 때문입니다.

1225년 1월의 어느 날, 압록강 강가에서 한 남자가 싸늘한 주검으로 발견됩니다. 의문의 죽음을 당한 남자의 이름은 '저고여'. 그는 몽골의 사신이었습니다. 당시 고려와 몽골은 국교를 맺고 있었고 이 때문에 몽골은 해마다 고려에 사신을 보내 그들에게 필요한 물건들을 공물로 받아갔습니다. 저고여 역시 고려의 공물을 받아서 다시 본국으로 돌아가는 중이었는데 그만 시체로 발견되고 만 것입니다.

이 소식을 들은 몽골에서는 고려가 몽골의 사신을 죽였다며 극도로 분노했습니다. 저고여를 죽인 범인의 진상은 밝혀지지 않았지만 고려를 의심한 것이지요. 저고여가 시체로 발견된 곳은 압록강 근처의 국경지대였고, 그곳은 다른 나라 사람들도 몰래 드나들 수 있는 곳이었습니다. 실제로 국경 근처에 있던 다른 나라 사람이 고려 복장을 하고 몽골 사신을 습격한 전적도 있었다고 합니다. 하지만 저고여를 죽이지 않았다는 고려의 말을 몽골은 전혀 듣지 않았지요.

긴장감이 감돌았지만 몽골은 곧바로 쳐들어오지 않았습니다. 저고여가 죽었을 즈음 칭기즈칸이 서방 원정에 집중하고 있었기 때문입니다. 그런데 1227년 칭기즈칸이 원정 중 사망을 하고 맙니다. 칭기즈칸은 자신의 계승자로 셋째 아들을 지명해두었는데, 그는 쿠릴타이라는 몽골의 정책 결정 회의에서 다른 구성원들의 지지를 받아야 했습니다. 이 회의에서 만장일치로 추대되어야만 제위에 오를 수 있었기 때문에 오랜 시간이 걸렸지요. 그러다 보니 고려 원정은 늦어질 수밖에 없었습니다.

저고여가 죽은 지 6년이 지난 1231년 8월, 몽골은 3만의 군사를 끌고 고려로 쳐들어옵니다. 새 후계자가 정해지고 내부가 안정되자 전쟁을 벌인 것이지요. 예상하지 못한 시점이었기 때문에 고려도 당황했습니다. 이로써 고려와 몽골이 6차례에 걸쳐 치른 전쟁, 여몽전쟁이 시작되었습니다.

이 전쟁은 휴전 중인 한국전쟁을 제외하고 한반도에서 일어난 가장 긴 전쟁입니다. 무려 30여 년간 지속되었기 때문이죠. 전쟁이 30년 넘게 계속되다니, 백성들의 삶이 얼마나 힘들었을지 가늠하기조차 어렵습니다. 그렇다면 이렇게 오랜 시간 이어진 전쟁의 막이 올랐을 때, 고려 사회는 어떤 상황이었을까요?

최씨 무신정권하에
혼란에 빠진 고려

고려는 1170년에 무신정변이 일어난 이후로 약 100년간 무신들이 정권을 유지했습니다. 다만 그 안에서도 권력을 차지하려는 무신들의 싸움은 계속됐고, 특히 최씨 집안은 100여 년의 무신정권 기간 중 무려 60년이 넘는 시간 동안 대를 이어가며 국정을 좌지우지했습니다. 고려 임금을 비롯한 왕실은 허수아비나 마찬가지였고요. 고려의 모든 의사결정은 최씨 집안이 했기 때문입니다. 최씨 집안은 왕 위에 군림하는 고려 최고의 실세였지요.

몽골이 침입할 때도 고려는 최씨 무신정권의 손아귀에 있었습니다. 권력을 잡은 최씨 집안은 어떤 정치를 펼쳤을까요?《고려사절요》에 당시 백성들의 모습이 남아 있습니다.

> 의주의 반란민 50여 인이 가주에 와서 말하기를 "(…)백성에게 과중하게 거두기를 살갗을 벗기고 골수를 부수는 듯하니 괴로움을 견딜 수 없으므로, 이러한 반란이 있게 되었다." 하였습니다.
>
> 《고려사절요》15권, 고종 6년(1219) 10월

고려를 장악한 최씨 집안과 지배층은 백성들을 수탈하며 부귀영화를 누렸습니다. 그 정도가 마치 살갗을 벗기고 골수를 부수는 듯했다는 것이지요. 더 이상 참을 수 없었던 농민과 천민들은 못 살겠다며 의주에서 반란을 일으켰습니다.

이렇듯 크고 작은 민란이 이어졌지만, 집권자들은 대신들을 모아놓고 연회를 펼치며 사치를 즐기기에 바빴습니다. 외세의 침략에 대비했을 리가 만무하지요. 심지어 그들은 고려가 부유하고 강력한 군사력을 지녔다고 자만했습니다. 그래서 몽골이 고려를 침략하기 이전, 국경 지역에서 적의 침입을 알리는 급한 보고가 올라왔을 때 이런 말까지 했다고 합니다.

"어찌 작은 일로 역마를 귀찮게 하고 조정을 놀라게 하는가?"

역마는 국가기관에서 사용하는 관용 말입니다. 다른 나라에서 국경을 침범해 쳐들어왔음에도 별것 아닌 일로 치부하며 화를 낸 것입니다. 이 사실을 보고한 사람은 유배까지 가야 했다고 하니, 자연히 고려의 장수들은 누가 쳐들어와도 왕실에 알리기를 꺼리게 되었습니다. 적이 성 두세 개를 함락시킨 이후에야 급보를 보내는 것이 좋겠다고 할 정도였으니, 고려가 전쟁 대비에 얼마나 안일했는지 짐작할 만하지요.

> 변방 장수들이 해이해져 말하기를, "반드시 적병이 두세 성을 함락시킨 연후에야 급보를 보내는 것이 좋겠다."라고 하였다.
>
> 《고려사》 129권 열전, 반역 최충헌

고려는 이렇게 혼란스러운 상황에서 설상가상으로 세계 최강이 었던 몽골군의 침략까지 당하게 되었습니다. 그리고 국방을 우습게 여긴 결과는 혹독했습니다.

몽골의 1차 침입
속수무책으로 당하는 고려

몽골의 대대적인 고려 원정을 이끈 총사령관은 활을 잘 쏘기로 유명한 장군 '살리타'였습니다. 기록에는 그가 남들에게 자신을 '권황제權皇帝'라고 소개했다는 내용이 있습니다. 한마디로 황제의 권한을 갖고 있다는 것이었지요.

살리타의 목표는 개경을 함락시켜 빠른 시간 안에 고려를 점령하는 것이었습니다. 그는 몽골의 명장다운 작전을 짰습니다. 부대를 3개로 나눈 뒤 함께 의주로 들어갔고, 이후 두 갈래로 흩어져 공격을 시작했습니다. 부대는 3개인데 진격로는 왜 2개였을까요?

몽골군의 공격 패턴은 이러했습니다. 가장 먼저 선발대가 최단 노선을 택해 빠른 속도로 남하합니다. 그러면 살리타가 이끄는 주력부대가 선발대를 뒤따라 내려가며 본격적인 공격에 돌입했지요. 선발대가 미리 현장 상황을 파악하고 길을 뚫으면 주력부대가 쉽게 그곳에 진입했습니다. 이들은 서해안을 따라 평안도 안북부,

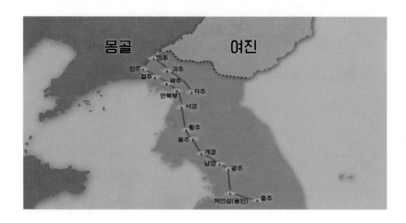

몽골의 1차 침입 경로

즉 오늘날의 안주시 일대까지 진격했습니다. 이곳에서 선발대와 주력부대가 만나 고려의 수도 개경을 공격할 계획이었습니다.

마지막 세 번째 부대가 노린 곳은 고려 북부의 핵심 군사 지역이 었습니다. 귀주와 자주 등 외적의 침입에 대비한 대표적인 방어 지역들이었지요. 그들은 이 지역을 공격해 고려의 군사력을 약화시키려 했습니다. 그래야 몽골의 주력부대가 가는 길에 고려군이 지원 병력을 보내 방해하지 못할 테니까요.

전쟁에서 승리하기 위해서는 수도를 공략해 상대 군주에게 항복을 받아내야 합니다. 그렇다고 모든 군대를 수도 개경으로 보낸다면 후방이 위험해질 것이고, 북방 지역만을 공략하다 보면 시간이 지체되어 수도 공략이 어려워지겠지요. 3개의 부대로 나누어 고려를 침공한 것은 몽골군의 전략적인 선택이었습니다. 그들이 자주 사용하는 방식이기도 했지요.

몽골군의 발 빠른 진격에 고려군은 속수무책이었습니다. 몽골군은 선발대, 주력부대, 내륙공격형 부대로 나뉘어 동시다발적으로 고려 땅을 휘저어놓기 시작했습니다.

몽골군의 발목을 잡은 귀주성 사람들

북방 일대의 여러 성을 접수한 몽골은 다른 나라들처럼 고려 또한 쉽게 점령할 수 있을 거라고 생각했습니다. 그런데 그들의 기세에 급제동이 걸렸습니다. 몽골군의 부대가 고려의 한 성에 묶여 꼼짝달싹 못 하고 있었던 것입니다. 몽골군의 발목은 잡은 곳은 바로 귀주성. 일찍이 강감찬 장군이 거란의 침입에 맞서 큰 승리를 거두었던 곳이기도 하지요.

지금의 평안북도에 있는 귀주성은 북방 지역의 대표적인 군사 방어지로, 몽골군이 고려 내륙으로 진출하기 위해 꼭 통과해야만 하는 길목이었습니다. 1231년 9월 초, 귀주성에 도착한 몽골군은 다양한 전술로 공격을 퍼붓습니다. 귀주성을 포함해 고려 서북면 지역을 관할하고 있던 장군의 이름은 박서. 박서는 성안의 모든 사

운제 전쟁기념관, 한국문화정보원 소장

람과 함께 몽골군에 맞섰지요.

　당시 귀주성에 있던 군사들은 약 2천 명이었습니다. 몽골군의 숫자는 정확하지 않지만, 그보다 훨씬 많았을 것으로 추정됩니다. 수적으로도 열세였지만 더욱 큰 문제는 몽골군이 사용한 무기였습니다. 당시 몽골이 사용하던 무기 중에는 '운제雲梯'라는 것이 있었습니다. 구름 '운' 자와 사다리 '제' 자를 써서 그리 불렀는데, 구름에 닿을 만큼 높은 사다리라는 뜻입니다.

　몽골군은 성을 공격할 때 이 운제를 사용했습니다. 오늘날로 치면 사다리 장갑차 역할을 한 것이지요. 운제를 자세히 들여다보면 아랫부분에는 병사들이 들어갈 수 있는 칸막이가 있고, 윗부분에는 2단계의 사다리가 있어 병사들이 오르내리며 싸울 수 있었습니다. 성을 함락시키려면 우선 성벽을 넘어가 성문을 열어야겠지요. 운제는 성벽을 넘는 데 도움이 되는 유용한 공격 무기였습니다.

이 운제를 타고 몽골 병사들이 공격을 하는 순간, 박서와 귀주성 사람들은 거세게 반격했습니다. 큰 칼의 일종인 '대우포'로 운제를 부숴버렸지요. 대우포가 정확히 어떻게 생긴 무기인지는 전해지지 않습니다만, 그 파괴력이 어마어마했던 모양입니다.

> "몽골이 다시 운제를 만들어 성을 공격하자 박서는 오히려 대우포로 그들을 공격하여 모두 부숴버리니 운제가 접근할 수 없었다. 대우포라는 것은 큰 칼날이 있는 큰 무기이다."
>
> 《고려사》 103권 열전, 제신 박서

하지만 몽골군의 공격은 수그러들지 않았습니다. 그렇다고 귀주성 사람들이 전의를 잃었냐 하면 그것도 아니지요. 몽골군이 장작에 불을 붙여 성을 태우려 하면 물과 진흙을 섞어 불을 껐고, 큰 돌을 날리거나 땅굴을 파서 공격해오면 몽골군을 향해 뜨거운 쇳물을 부었다고 합니다. 성안의 백성들이 모두 힘을 모아 몽골군을 가까스로 막고 있었던 것입니다.

이렇게 고군분투했던 이유는 귀주성만은 지켜야 한다는 절박함 때문이었습니다. 귀주성이 뚫리면 몽골이 고려 전체를 삼킬 수 있다는 위기감이 그들을 물러서지 못하게 했습니다. 박서와 귀주성 사람들은 성을 지키기 위해 결사 항전했습니다. 군사들은 물론이거니와 성안에 사는 일반 백성들까지 모두 몽골군과 맞서 싸웠지요.

세계 최강의 군대를 상대로 이렇게나 버텨냈으니, 그 모습을 본 몽골군도 이는 하늘이 도운 것이라고 말할 정도였습니다.

> "이렇게 작은 성이 대군을 맞아 싸우는 것을 보니 하늘이 돕는 것이지, 사람의 힘은 아니다."
>
> 《고려사》103권 열전, 제신 김경손

얼마나 고려군이 대단하게 보였으면 저런 말까지 했을까요? 귀주성 사람들에 대한 몽골군의 평가는 또 있습니다.

> "일찍이 이 같은 공격을 입으면서도 끝내 항복하지 않은 경우는 보지 못하였다. 성안에 있는 장수들은 훗날 반드시 모두 장군이나 재상이 될 것이다."
>
> 《고려사》103권 열전, 제신 박서

몽골군은 이렇게 공격당하면서도 끝내 항복하지 않은 경우는 보지 못했다면서, 적군이지만 귀주성 장수들에 감탄했다고 합니다. 적에게까지 존경과 극찬을 이끌어낼 정도였던 것이죠.

기적처럼 승리한
귀주성 전투

귀주성 사람들은 온갖 수단과 방법을 총동원하여 몽골군을 막아냈습니다. 전투는 무려 4개월이나 계속됐습니다. 장기간 이어지는 전투였던 만큼 지원군이 간절했지만, 아무도 이들을 도우러 오지 않았습니다.

몽골이 쳐들어올 당시 고려군은 중앙군과 지방군으로 나뉘어 있었습니다. 고려의 중앙군은 주로 국경 수비, 경찰 업무를 맡았습니다. 국왕의 친위부대도 중앙군에 속해 있었지요. 지방군은 각 지역에서 독립적으로 치안을 유지하며 외적들을 물리치는 역할을 했습니다. 물론 전쟁 시에는 중앙군도 지방군을 도와야 했지만, 당시 고려 중앙군은 최씨 무신정권과 귀족들을 지키고 개경 주위를 방어하는 것도 벅찬 상태였기 때문에 지방의 군사들은 중앙군의 지원을 바라기 어려운 상황이었습니다.

여몽전쟁 중 고려군이 승리를 거둔 사례를 살펴보면 대부분 중앙에서 파견된 지휘관이나 수령의 통솔력과 지방민의 호응이 결합된 경우가 많습니다. 귀주성 전투 역시 지휘관과 귀주성의 군사들, 백성들이 함께 몽골군에 맞선 싸움이었지요.

지원군 없이 장기간 계속된 전투는 어떻게 끝이 났을까요? 귀주성의 모든 이들이 온 힘을 다해 싸우는 와중에 갑자기 귀주성 남쪽문을 둘러싼 몽골군들이 달아나기 시작했습니다. 장군 김경손이 군사들을 이끌고 성문 밖으로 나가 목숨을 건 기습공격을 감행했기 때문입니다. 김경손은 원래 귀주성이 아니라 정주성에 있던 장군이었습니다. 근방의 성이 점령당하자 귀주성에서 항쟁을 이어가기 위해 여러 장군이 모여들었는데, 김경손도 그중 하나였지요.

성문을 열기 위한 공격에 집중하던 몽골군에게 김경손 장군이 쏜 회심의 화살이 날아갔고, 그 화살은 단번에 몽골군 깃발을 든 군사를 맞추어버립니다. 성안에 있을 줄 알았던 고려군의 공격을 받았으니 몽골군은 얼마나 당황했을까요? 김경손 장군 역시 반격하는 몽골군의 화살에 맞아 팔에서 피가 철철 흘렀지만 아랑곳하지 않고 싸웠습니다. 성 밖에 있던 몽골군은 이런 고려군의 기세에 놀라 도망갔던 것이지요.

그렇다면 몽골군을 쫓아낸 병사들은 몇 명이었을까요? 그들은 단 12명이었습니다. 김경손 장군과 12인의 결사대, 총 13명이 귀주성 남쪽을 공격하던 몽골군을 쫓아버린 것입니다. 이들의 활약 덕분에 귀주성을 공격하던 몽골군은 이전과 달리 머뭇거리게 되었습니다. 언제 고려군이 튀어나와 화살을 쏠지 알 수 없었으니까요.

김경손은 몽골군을 후퇴시킨 뒤 유유히 성안으로 들어왔습니다. 귀주성의 지휘관 박서는 죽을 각오로 몽골군과 맞서 싸운 김경손에게 눈물을 흘리며 큰절을 올렸습니다. 이 모습을 본 김경손 또한 울면서 마주 절했다고 합니다.

결국 몽골군은 귀주성 함락을 포기한 채 말머리를 돌렸습니다. 목숨을 건 사투 끝에 귀주성 사람들이 결국 전투에서 이긴 것입니다. 믿을 수 없는 승리였습니다.

화친을 맺고
결국 항복하는 고려

귀주성 사람들만 몽골군에 용감하게 맞서 싸운 것은 아닙니다. 무신정권이 백성들의 토지를 빼앗고 과도하게 세금을 매기면서 민란이 많이 발생했는데, 이처럼 지배자의 수탈에 들고 일어난 농민저항군을 초적草賊이라고 했습니다. 초적이란 말 그대로 들판에서 활동하는 도둑을 뜻합니다.

이 초적들도 전쟁이 일어나자 누구보다 적극적으로 몽골군과 싸웠습니다. 정부에 대한 불만이 있었음에도 나라를 지키기 위해 목숨을 바쳤죠. 실제로 마산의 한 초적 우두머리는 자신의 군사 5천 명을 이끌고 고려 정부를 찾아와 스스로 몽골과의 전쟁에 참여했다고 합니다. 몽골의 침략 앞에 장군과 민초들, 심지어는 도적들까지도 목숨을 걸고 나라를 지켰던 것이지요.

하지만 그들의 노력에도 불구하고 결국 고려 정부는 몽골에게 항복하고 맙니다. 귀주성 전투에서 이기고 기뻐하던 박서 또한 성

밖으로 나와 항복하라는 고려 왕실의 명을 받지요. 귀주성이 4개월 동안 중앙군의 도움 없이 힘겹게 성을 지키는 동안, 개경이 함락당해버렸기 때문입니다. 고려 중앙군은 개경을 지키려 몽골군과 맞섰지만 모두 패하고 맙니다.

개경을 함락당한 고려는 항복을 준비했습니다. 그리고 고려와 몽골의 화친 협상이 시작됐지요. 화친은 나라와 나라 사이에 다툼이 없이 가까이 지낸다는 의미지만 실제로는 고려가 몽골을 황제로 받들겠다는 뜻이었습니다.

고려 입장에서는 분할 만큼 손해보는 협상이었지만 살리타는 이를 거절합니다. 귀주성이 버티고 있기 때문에 화친 협상을 할 수 없다는 것이었지요. 그래서 고려 정부는 박서에게 항복하라는 명령을 내린 것입니다.

성을 지키려 총력을 다했던 장군이 스스로 성문을 열고 나가 항복을 해야 했다니, 그 심정은 헤아리기 어려울 정도입니다. 하지만 박서의 시련은 여기서 끝나지 않았습니다. 몽골이 박서를 죽이라고 요구한 것입니다. 몽골의 충격적인 요구에 고민하던 고려 정부는 차마 죽이지는 못하고 박서를 관직에서 해임시킵니다. 영웅 박서에게 남겨진 것은 포상은커녕 관직을 빼앗긴 채 고향으로 돌아가는 일이었습니다.

1232년 음력 1월 11일, 자신들의 뜻을 이룬 몽골군이 고려에서 철수하며 몽골의 첫 번째 침입은 막을 내리게 되었습니다.

결정된 강화 천도
끝나지 않는 백성들의 고난

몽골에 항복한 뒤 얼마 지나지 않아 최씨 정권은 충격적인 선언을 합니다. 수도를 개경에서 강화도로 옮기겠다는 것이었습니다. 강화도는 지금이야 자동차로 쉽게 갈 수 있는 곳이지만, 이때만 해도 배를 타고 들어가야 하는 섬이었습니다. 수도는 보통 교통이 발달한 곳에 있기 마련인데 오가기 힘든 섬으로 옮긴다니요? 굉장히 이례적인 일이었지요.

최씨 무신정권은 대체 왜 강화 천도를 결정한 것일까요? 그들은 몽골과 화해 협약을 체결한 뒤 곧바로 수도를 옮길 것을 논의했습니다. 전쟁이 쉽게 끝나지 않을 것이라 생각했던 것으로 보입니다. 다시 전쟁이 일어난다면 수도를 방어해야 할 텐데, 1차 전쟁을 통해 개경에 머무는 한 몽골군을 막기가 불가능하다는 점을 인지했겠지요. 또 다른 이유는 몽골에는 바다가 없어 몽골군이 배를 타고 싸우는 해전에 약했기 때문입니다. 최씨 무신정권은 몽골군이 강화도를 쉽게 점령할 수 없을 것이라고 예상했습니다.

하지만 강화도로 수도를 옮겼다고 해서 몽골의 침략에 잘 대비한 것은 아니었습니다. 이들이 강화도에 도착해서 가장 먼저 한 일은 성벽을 짓고 군사를 훈련시키는 것이 아니라, 놀랍게도 자신들이 지낼 궁궐을 짓는 것이었습니다. 그 일은 당연히 백성들의 몫이었지요. 백성들의 피와 땀, 눈물로 궁궐과 관아 등이 지어졌습니다.

"소나무와 잣나무를 많이 뽑아다가 정원 안에 옮겨 심었는데, 모두 배로 실어 오니 인부들 중에서 물에 빠져 죽은 사람이 많았다. 그 정원의 숲은 몇십 리에 달하였다."

《고려사》 129권 열전, 반역 최이

최씨 무신정권은 강화도에 새 정원을 만들기 위해 다른 지역에서 소나무와 잣나무를 뽑아 가져오도록 했습니다. 나무를 배에 실어 배달하는 과정에서 인부들이 물에 빠져 사망하는 경우도 많았다고 합니다. 몽골군이 쳐들어올까 봐 강화도로 옮겨간 상황에서 정원 가꾸기에 힘쓰고 있었다니, 어처구니가 없지요. 최씨 무신정권은 백성들을 동원해 충남 서산에 얼음 창고까지 만들었습니다. 12월의 추운 날씨에 얼음을 실어 나르느라 백성들이 매우 괴로워했다는 기록이 남아 있습니다.

고려 백성들의 삶은 무척 고단했습니다. 몽골군은 떠났지만 고통은 계속해서 이어졌지요. 자연히 불만은 커질 수밖에 없었고, 일부 백성은 고려 정부와 최씨 무신정권을 비판하며 민란을 일으켰습니다. 몽골이 쳐들어왔을 때 관군에 들어가 싸웠던 초적들이 다시 지배층에 대항하기 시작한 것입니다. 이처럼 고려의 민초들은 몽골군과도 싸우고 고려의 지배층과도 싸워야만 했습니다.

몽골의 2차 침입
몽골 총사령관을 향한 고려 승려의 화살

몽골은 화친을 맺은 고려가 자신들의 군대가 철수하자마자 영향력이 미치지 않는 강화도로 수도를 옮겨 크게 분노했습니다. 자신들을 무시했다고 생각했겠지요. 결국 몽골은 고려가 강화도로 수도를 옮긴 지 3개월도 채 되지 않아 다시 고려를 침략합니다. 1차 침략으로 고려 땅을 폐허로 만들고 돌아간 지 8개월도 되지 않은 1232년이었습니다.

몽골군을 이끈 장수는 살리타였습니다. 1차 침략 때 고려를 항복시키고 무리한 공물을 요구했던 바로 그 인물이지요. 그는 이번에야말로 고려를 제대로 짓밟겠다는 듯 빠른 속도로 진격했습니다.

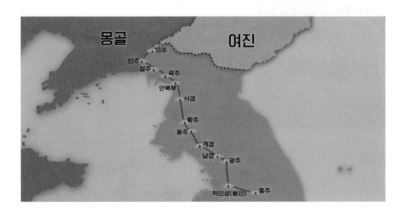

몽골의 2차 침입 경로

1232년 12월 16일, 살리타는 지금의 경기도 용인 지역인 처인성을 지나고 있었습니다. 고려 시대에는 개경을 중심으로 역마들이 이동하는 역로망이 전국적으로 형성되어 있었는데, 처인성은 개경에서 경상도로 가는 역로에 있는 역이었습니다. 즉, 처인성을 차지하면 경상도로의 진격이 가능했다는 말이지요. 그런 만큼 고려 입장에서는 꼭 지켜야 하는 성이었습니다.

삼막사 삼층석탑 경기도 안양시 삼막사에 있는 삼층석탑. 용인 처인성 전투에서 김윤후가 살리타를 화살로 쏘아 사살하고 크게 이긴 것을 기념하여 이 탑을 세웠다는 이야기가 전해진다. 문화재청 제공.

몽골군이 처인성에 당도하자마자 어디선가 '획' 하는 소리와 함께 화살이 날아들었습니다. 그러고는 몽골군 전체가 갑자기 달아나기 시작했지요. 살리타가 화살에 맞았기 때문입니다. 총사령관이 죽었으니 놀라서 전쟁을 중지하고 후퇴한 것입니다.

살리타에게 화살을 쏜 사람의 이름은 김윤후. 그는 승려였습니다. 스스로를 몽골의 권황제라고 불렀던 총사령관이 군인도 아닌 승려의 화살에 맞아 죽었으니 몽골로서는 커다란 치욕이었습니다. 승려 김윤후와 함께 처인성을 지키던 이들 또한 군인이 아니었지요. 그들은 신라 시대부터 조선 시대까지 있었던 특수한 행정구역인 향鄕, 부곡部曲, 소所에 사는 사람들이었습니다.

향, 부곡, 소는 다른 나라에서 넘어와 정착한 사람들, 반역죄를 지은 사람들, 왕실에서 필요로 하는 특별한 물품을 만드는 사람들이 모여 사는 곳이었습니다. 향과 부곡에는 농사를 짓는 사람들이 주로 살았고, 소에는 물건을 만드는 사람들이 주로 살았지요. 사회적 지위가 낮아서 군이나 현과 같은 일반 행정구역에 사는 사람들에 비해 많은 차별을 받았습니다. 신분이 양인이어도 천인과 비슷한 대우를 받아야 했습니다. 그곳에 사는 것 자체가 차별의 이유였으니까요.

처인성은 원래 '처인부곡'이라는 곳에 있던 작은 토성이었습니

용인 처인성 터 문화재청 제공

다. 이곳에는 근처에 사는 농민들뿐만 아니라 주변 지역에서 전투를 피해 온 군인들과 노비들이 있었지요. 고려에서 가장 힘없고 차별받던 이들이 살던 이 처인부곡에서 김윤후가 날린 화살 한 방이 몽골군을 격퇴한 것입니다.

용인에 가면 여전히 그 성의 흔적을 찾아볼 수 있습니다. 처인성 터는 둘레가 400미터 정도 되는 작은 언덕입니다. 성의 규모가 그리 크지 않았음을 알 수 있지요. 이런 곳에서 몽골의 대표 장수인 살리타를 죽였으니 얼마나 대단한 일입니까? 처인성 전투의 승리로 훗날 처인부곡은 '처인현'으로 승격됐고, 이곳에 사는 주민들의 지위도 향상되었습니다.

간절한 소망으로 완성한
팔만대장경

총사령관 살리타의 죽음으로 몽골군은 후퇴했지만, 그렇다고 고려를 포기한 것은 아니었습니다. 이후로도 몽골의 침략은 계속되었지요. 1235년에는 살리타 죽음에 대한 복수를 빌미로 3차 침입을 했고 경상도 지역까지 장악합니다. 고려 정부는 몽골의 요구 조건을 받아들이며 항복을 맹세해야만 했습니다. 얼마 지나지 않은 1247년에는 고려가 약속을 어겼다며 4차 침입을 감행했고,

해인사 대장경판 현존하는 대장경 중에서 가장 오래되었고, 내용도 완벽하여 세계적인 명성을 지닌 문화재다. 대장경에 새겨진 수천만 개의 글자가 오탈자 없이 모두 고르고 정밀하다는 점에서 보존 가치가 매우 크다. 2007년 유네스코 세계기록유산에 등재되었다. 문화재청 제공.

1248년 자신들의 황제가 죽자 고려에서 떠났습니다. 몽골의 네 번째 침입은 그렇게 마무리되었지요.

잦은 침략에 누구보다 고통받은 것은 백성들이었습니다. 고려의 백성들은 오랜 전쟁으로 지쳐갔습니다. 이미 수차례의 침략을 받은 고려인들이 기댈 곳은 종교뿐이었습니다. 무력으로는 몽골을 이길 수 없다는 생각에 불교의 힘으로 나라의 위기를 극복하고자 한 것이지요. 그래서 팔만대장경을 만들기 시작했습니다.

팔만대장경을 만드는 데는 어마어마한 수고가 뒤따랐습니다. 가장 먼저 글씨를 새길 나무를 준비해야 했지요. 산에 올라가 벌채한 나무를 운반하는 데에만 무려 8만 명에서 12만 명이 동원되었을 것으로 추정됩니다. 경판에 글자를 하나하나 손으로 직접 새기는 일에 들인 시간과 정성 역시 엄청났겠지요. 고려 백성들의 간절한 소망이 없었다면 팔만대장경은 완성되지 못했을 것입니다.

몽골의 5차 침입
돌아온 김윤후의 활약

그러나 더 이상 침략이 이어지지 않기를 그토록 바랐음에도 몽골은 또다시 쳐들어왔습니다. 고려가 약속을 지키지 않았다면서 말이죠. 그들이 말하는 약속이란 1251년에 몽골의 새 황제가 고려에 사신을 보내 요구했던 것들입니다.

첫 번째 요구는 '국왕친조'로, 고려의 왕이 직접 몽골까지 와서 항복하라는 것이었습니다. 두 번째 요구는 '출륙환도_{出陸還都}'입니다. '출륙'은 육지로 나오는 것이고, '환도'는 전쟁으로 피란 갔던 임금이나 정부가 다시 수도로 돌아가는 것을 뜻합니다. 한마디로 섬인 강화도를 나와 개경으로 다시 수도를 옮기라는 이야기였지요.

최씨 무신정권은 몽골과의 전쟁이 계속될 것을 염두에 두고 수도를 강화도로 옮겼습니다. 몽골이 다시 침략하지 않을 거라는 믿음이 없었던 것이지요. 몽골 입장에서도 고려를 믿기 어려운 것은 마찬가지였습니다. 국왕이 직접 몽골에 가겠다는 약속도, 강화도에서 나와 개경으로 수도를 옮기겠다는 약속도 이미 여러 번 지키지 않았기 때문입니다. 몽골은 고려에 신뢰를 바탕으로 교류하려면 말이 아닌 행동을 보여달라고 요구했습니다. 그러나 고려 정부는 강화도에서 나오지 않았고, 결국 다섯 번째 여몽전쟁이 시작되었습니다.

1253년, 몽골은 1만 명의 군사를 고려로 보냈습니다. 1차 침입 이후 무려 22년이나 지났지만 참혹한 전쟁은 끝날 기미가 보이지 않았습니다. 이번에야말로 고려를 정복하겠다고 마음먹은 몽골군은 이전보다 더욱 잔인해졌습니다. 몽골군이 휩쓸고 간 자리에는 고려 백성들의 시체가 산을 이루었습니다.

"성 아래 시체가 산같이 쌓여 있었는데, 얼굴이 비슷한 자를 모두 거두어 매장한 사람이 300여 명이나 되었다."

《고려사》 106권 열전, 제신 박항

고려의 문신 박항은 부모님이 계시던 곳이 몽골군에게 함락됐다는 소식을 듣고 길을 나섭니다. 시신이라도 찾으려 했지만, 시체가 너무 많아 찾을 수가 없었지요. 할 수 없이 부모님과 얼굴이 비슷한 사람의 시체를 모두 거두어 매장했는데, 그 수가 300명 가까이 되었다고 합니다. 얼마나 많은 백성들이 몽골군의 손에 죽었는지 짐작할 수 있는 기록입니다.

닥치는 대로 사람들을 죽이고 마을을 약탈한 몽골군은 4개월 만에 오늘날의 충북 충주에 있는 충주성까지 내려옵니다. 충주는 영남 지역인 경상도로 향하는 길목이기 때문에 이곳을 빼앗기면 전국이 몽골군의 손아귀에 들어가는 것은 시간문제였습니다.

몽골군은 엄청난 기세로 충주성을 포위하기 시작했습니다. 그런데 기세등등한 몽골군 앞을 가로막는 자가 있었으니, 바로 처인성에서 몽골군을 패닉에 빠뜨린 김윤후였지요. 2차 여몽전쟁 때 몽골의 총사령관 살리타를 죽인 그 고려의 영웅 말입니다.

김윤후는 이전과 많이 달라졌습니다. 원래는 승려였지만, 2차 여몽전쟁을 승리로 이끈 공로를 인정받아 관직을 하사받고 무관이 되어 있었지요. 충주성을 반드시 지켜야 하는 김윤후와 그의 손에 총사령관을 잃은 치욕적인 기억을 지닌 몽골군. 그들의 치열한 전투는 70일이나 계속됐습니다.

김윤후 초상 충주박물관 소장

몽골군은 충주성 앞에서 한 발짝도 전진하지 못했습니다. 하지만 충주성 역시 큰 피해를 입었습니다. 성에 있던 식량과 무기가 동나기 시작했고, 군사들과 백성들의 피로가 누적되면서 사기 또한 크게 저하되었지요. 충주성의 지휘관인 김윤후는 고민에 빠졌습니다. 이런 상태가 계속 되면 아군이 패하고 말 테니까요.

만약 여러분이라면 어떻게 하실 건가요? 한번 생각해보세요. 김 윤후는 특단의 대책을 세웠습니다. 그는 겁에 질린 군사와 백성, 노비들까지 한데 모아 외쳤습니다.

"만약 힘을 내어 싸울 수 있는 자가 있다면 귀천을 가리지 않고 모두 관직을 제수하려 하니 나를 믿고 싸워라!"

죽기를 다해 싸워 공을 세우면 노비든 천민이든, 신분을 따지지 않고 관직을 주겠다는 말이었습니다. 말을 마친 김윤후는 그들 앞 에서 문서 하나를 불태웠습니다. 다름 아닌 노비 문서였지요. 태어 날 때부터 어찌할 수 없었던 신분의 굴레를 벗을 수 있다니, 그보

충주산성 문화재청 제공

다 더 좋은 제안이 있을까요?

김윤후의 파격적인 약속에 군사들과 백성들의 사기는 하늘을 찔렀습니다. 충주성 사람들은 너 나 할 것 없이 죽음을 무릅쓴 채 몽골군에 맞서 싸웠고, 당황한 몽골군은 도망칠 수밖에 없었습니다. 다시 한번 백성들의 힘으로 충주성을 지켜낸 것입니다.

충주성 전투에서 세운 공을 인정받아 김윤후는 높은 관직을 받게 되었습니다. 백성들 역시 노비와 천민을 가리지 않고 공이 있는 사람이라면 모두 관직을 하사받았습니다. 김윤후가 약속을 지킨 것이지요.

종전을 대가로 내민 몽골의 요구

그러나 충주성의 승리가 곧 전쟁에서의 승리를 의미하는 것은 아니었습니다. 몽골군은 고려 전역에서 여전히 약탈과 파괴를 일삼았습니다. 피해는 날로 커져만 갔지요. 하지만 전쟁이 길어질수록 힘든 것은 몽골군도 마찬가지였습니다. 전쟁에 지친 몽골은 결국 귀환하면서 강화도에 사신을 보내 고려와 협상을 시작했습니다. 고려 또한 더 이상 전쟁을 이어갈 수 없었기 때문에 왕이 강화도에서 나와 직접 몽골 사신을 맞이했지요.

몽골이 전쟁을 끝내는 대가로 요구한 것은 세 가지였습니다. 첫째는 고려 내정에 간섭하기 위한 관리자인 '다루가치'를 둘 것, 두 번째는 고려를 지키는 성곽을 모두 허물 것이었습니다. 몽골군이 침략할 때마다 사람들이 성에 피신해 맞서 싸우니, 자신들에게 저항할 수 있는 물리적 기반을 아예 없애려는 것이었지요. 마지막 세 번째는 고려에 몽골 군사 1만 명을 주둔시키는 것이었습니다. 고려를 완벽하게 몽골의 통제 아래 두겠다는 속셈이었습니다.

고려는 세 가지 요구를 바로 들어주지는 않았지만, 나중에 따르겠다고 약속했습니다. 1254년, 몽골은 되돌아갔고 5차 여몽전쟁도 마무리가 되었습니다.

몽골의 6차 침입
그들이 다시 침입한 이유

이제 전쟁은 끝난 것일까요? 그랬다면 좋았겠지만, 몽골은 다시 쳐들어왔습니다. 이 전쟁 역시 수도를 옮기는 문제 때문에 벌어졌습니다. 몽골은 계속해서 수도를 다시 개경으로 옮길 것을 요구했고, 고려는 일단 알겠다고 답한 다음 수도를 옮기지 않았지요.

출륙환도를 거부한 것은 무신정권의 의지였습니다. 다시 개경으로 돌아간다는 것은 곧 몽골에 대한 항전을 중단한다는 의미였으니까요. 무신정권 특유의 호전적인 성격 때문일 수도 있지만, 내막을 살펴보면 징치적인 속내가 숨어 있습니다. 종전의 조건으로 몽골이 요구한 것 중 하나는 고려의 왕이 몽골 황제에게 가서 항복하는 것이었습니다. 이는 국왕이 직접 몽골과 협상한다는 뜻이기도 했습니다. 무신 집권기에 고려의 왕들은 허수아비와 같은 존재였는데 이렇게 되면 자연히 왕권이 강화되고 무신 집권자의 정치적 입지는 약해지겠지요. 최씨 무신정권은 그런 상황을 원하지 않아 일부러 친조를 거부한 것입니다.

결국 5차 여몽전쟁이 종료된 지 반년도 되지 않은 1254년 7월, 몽골군이 여섯 번째로 고려를 공격했습니다. 그들의 목적은 고려의 완벽한 항복을 받아내는 것이었습니다. 몽골군은 고려 곳곳을 폐허로 만들었고, 그중에서도 충주에 있는 '다인철소'를 집중적으로 공략했습니다.

'소'가 붙은 것에서 알 수 있듯 이곳도 특수 행정구역이었습니다. 다인철소는 철을 만드는 곳으로, 충주에 있는 주요 철 생산지였지요. 몽골이 이곳을 공략한 이유는 전쟁에 꼭 필요한 칼과 창, 화살촉 등 각종 철제 무기를 얻기 위해서였습니다. 다인철소에는 무기를 제작하는 기술자들까지 있었으니, 전쟁에서 승리하기 위해서는 이곳을 점령해야 했지요.

하지만 다인철소의 사람들은 두려워하지 않고 무기를 들고 맞서 싸워 몽골군을 물리치는 데 성공합니다. 그들이 어떻게 몽골군에 맞섰는지 자세한 기록은 남아 있지 않지만, 아마도 자신들이 만들던 철제 무기를 손에 쥔 채 대항하지 않았을까요? 한 가지 분명한 것은, 몽골군에게 철제 무기를 빼앗기지 않기 위해 이름도 알 수 없는 수많은 민초들이 목숨을 걸고 싸웠다는 사실입니다.

고려 민초들의 자발적인 항쟁은 여몽전쟁이 이어진 30년 내내 계속됐습니다.《고려사》에 당시의 참혹했던 상황이 기록되어 있습니다.

> 굶어 죽는 사람이 매우 많아서 노약자들의 시신이 골짜기를 메웠으며, 심지어는 아이를 나무에 묶어두고 가는 자도 있었다.
>
> 《고려사》 24권, 고종 42년(1255) 3월

더욱 심각한 것은 포로 문제였습니다. 6차 여몽전쟁이 일어난 지 6개월 만에 몽골군에 포로로 잡힌 고려 백성은 무려 20만 명이 넘었습니다. 몽골군이 지나간 땅은 모두 불에 타 잿더미가 되었지요.

최씨 무신정권의 몰락, 여몽전쟁의 종지부를 찍다

1258년, 몽골이 침략을 시작한 지 30여 년 만에 고려 역사를 뒤

집는 충격적인 사건이 발생합니다. 고려 실권자였던 최씨 무신정권의 집권자 최의가 부하들에게 살해당한 것입니다.

당시 고려의 상황은 더 이상 버티기 힘든 지경이었습니다. 몽골군이 강화도 주변을 집중적으로 공략하면서 강화도는 완전히 고립된 상황이었죠. 그간 몽골군에 강력하게 저항했던 백성들도 지칠 대로 지친 상태였습니다. 전쟁이 30년 이상 지속되었는데 조정은 백성들을 위하기는커녕 부정부패만 일삼으니 얼마나 힘들었을까요? 여몽전쟁은 6차까지 이어졌고, 그때까지 몽골군이 고려에 쳐들어온 횟수는 총 11번이었습니다. 백성들과 군사들의 사기도 당연히 예전 같지 않았겠지요. 결국 조정에서는 강화론, 즉 전쟁을 끝내자는 의견이 급부상했습니다.

몽골 또한 화친의 조건을 완화했습니다. 그간 몽골은 고려의 왕이 직접 몽골로 와서 항복할 것을 요구했는데, 고려는 왕의 안전이 보장되지 않는다는 이유로 불가하다는 입장을 고수했지요. 그러자 몽골이 당시 고려의 왕이었던 고종 대신 태자가 와도 좋다고 한 것입니다. 이 역시 부담스럽기는 했으나 그래도 고려가 받아들일 만한 조건이었습니다. 강화론은 더욱 힘을 얻게 되었죠. 결국 항전을 고집하는 최씨 무신정권의 독재정치에 대한 불만과 여몽전쟁을 그만 끝내고 싶다는 마음을 품은 이들이 최의를 죽인 것입니다.

1258년 12월, 결국 고려 조정은 몽골의 모든 요구를 수락하고 수도를 개경으로 옮길 것을 약속합니다. 30년 이상 계속된 여몽전쟁이 드디어 끝을 맺게 된 것입니다. 최의가 죽은 후에 권력을 잡은 무신 집권자들 때문에 개경 환도가 금방 이뤄지지는 않았지만, 1270년 결국 무신정권이 완전히 무너지면서 고려 조정은 개경으로 돌아오게 되었지요.

30여 년간의 항쟁은 비록 패배로 끝났지만, 세계 최강 몽골군에 맞서 이렇게까지 오래 버틴 것은 그 자체로도 대단한 일입니다. 고려가 이토록 끈질기게 몽골에 대항할 수 있었던 원동력은 무엇이었을까요? 그것은 나의 가족과 삶의 터전을 지키려던 고려의 백성들이었을 것입니다.

여몽전쟁의 역사를 돌아보며 고려의 민초들을 한 번쯤 떠올려 보면 좋겠습니다. 세계 최대 제국의 최강 군대에 무방비로 내던져진 백성들. 우리는 스스로 화살과 방패가 되어 싸우고 또 싸웠던 그들의 이름도, 나이도, 성별도 알 수 없습니다. 그들은 그저 그 시대를 묵묵히, 그리고 열심히 살았던 아무개들이지요. 그 아무개들이 지켜낸 이들은 누구일까요? 바로 그들이 발 딛고 살았던 땅에 태어나 살고 있는 우리들입니다. 침략자들과 지배자들이 가하는 고통 속에서 끊임없이 싸우다 이름 없이 사라져간 이들. 그 이름 없는 영웅들을 우리는 잊지 말아야 할 것입니다.

3장

멀거멓은 임진왜란

노혜경(호서대학교 혁신융합학부 교수)

일본은 왜
조선의 도자기를 노렸나

    일본 규슈 지방 사가현에 있는 아리타시는 유명한 도자기 산지입니다. 그 명성답게 거리에는 수많은 도자기 상점들이 늘어서 있지요. 도자기의 원료를 캐냈던 이즈미산 채석장 또한 관광객들이 많이 찾는 곳입니다. 이즈미산 채석장은 1980년에 일본의 국가 사적으로 지정되기도 했습니다. 지금은 문을 닫았지만 한때는 수많은 사람들이 돌을 캐서 도자기를 만들었기에, '아리타 사람들은 하나의 산을 그릇으로 바꾸었다'는 말까지 전해 내려올 정도입니다.

    아리타시에는 이시바 신사石場神社라는 작은 신사가 있는데, 이곳에 가면 독특한 동상 하나를 볼 수 있습니다. 동상의 재료는 보통 구리나 철, 돌, 석고 같은 것들이지만 이 동상은 도자기로 만든 것

이시바 신사 내 이삼평 동상

이지요. 또 한 가지 특이한 점은 동상의 옷차림입니다. 바지저고리에 고름까지, 누가 봐도 한복이 분명하지요. 일본 신사에서 모신 인물인데 우리나라 전통 의상을 입고 있다니 생각할수록 신기합니다.

어째서 일본 신사에 한복을 입은 남자가 있는 걸까요? 그 이유를 알기 위해서는 임진왜란이 일어났던 때로 거슬러 올라가야 합니다. 동상의 주인공은 어쩌다가 피비린내 나는 전쟁 통에 일본으로 가게 되었을까요? 무슨 일을 했기에 일본의 신사에 모셔져 있는 걸까요? 지금부터 유명한 전투와 장군들 뒤에 가려져 있었던 임진왜란 속 숨겨진 이야기를 벗겨보겠습니다.

조선을 초토화시킨
임진왜란의 발발

1592년 음력 4월 30일 비 내리는 새벽, 가마를 든 행렬이 경복궁을 급히 빠져나왔습니다. 행렬이 이동하는 동안 빗발은 더욱 거세졌고, 무리 중 몇몇은 서럽게 울고 있었지요. 눈물을 흘리며 세찬 빗줄기를 뚫고 나선 이들의 목적지는 임진강 너머에 있는 평양성이었습니다.

경복궁을 나온 가마가 발길을 재촉하고 있을 때, 한 농부가 이들을 보고 놀라 통곡하며 외쳤습니다.

"나라님이 우리를 버리시면 우린 누굴 믿고 살아간단 말입니까?"

그렇습니다. 가마 안에는 나라님, 즉 왕이 있었던 것입니다. 가마를 타고 있던 사람은 조선 제14대 왕 선조였습니다.

선조가 날도 밝기 전에 궁을 떠나 도망친 까닭은 일본이 한반도에 쳐들어왔기 때문입니다. 왜군은 1592년 음력 4월 13일, 90여 척의 배를 몰고 부산 앞바다에 상륙했습니다. 지방의 성을 차례로 함락시키며 단 17일 만에 한양 코앞까지 쳐들어왔지요. 임진왜란壬辰倭亂의 시작이었습니다. 선조는 평양성에서 국경인 의주까지 몰렸고, 결국 명나라에 군대를 요청합니다.

임진왜란은 임진년에 '왜', 즉 일본이 일으킨 난이라는 뜻입니다. 전쟁이 일어나기 전, 일본은 명나라를 정벌하러 가겠다며 조선에 길을 내어달라고 요구했습니다. 명나라와 사대관계였던 조선이 그 요구를 들어줄 리가 없었겠지요. 일본은 길을 내주지 않는다는 것을 빌미로 조선을 침략했습니다. 임진왜란은 일본이 조선을 발판 삼아 명나라를 침략하기 위한 전쟁이었던 것이지요.

1592년 4월에 일어난 임진왜란은 1598년 11월까지 무려 7년 동안 이어졌습니다. 왜군은 1597년 정유년에도 대대적으로 침입했는데, 임진년에 일어난 임진왜란과 정유년에 일어난 정유재란^{丁酉再亂}을 통틀어 임진왜란이라고 부르고 있지요.

왕이 수도를 버리고 도망치는 최악의 상황까지 발생했으니 백성들의 피해는 말할 것도 없었겠지요. 7년간 계속된 일본의 공격으로 조선은 아비규환이 됐습니다.

7년간의 침략
참혹한 임진왜란의 기록

전쟁이 일어나면 가장 큰 해를 입는 것은 누구일까요? 백성들, 그중에서도 힘이 약한 여성과 아이들입니다. 임진왜란을 일으킨 장본인이자 일본의 최고 권력자였던 도요토미 히데요시의 일대기를 다룬 《에혼 다이코기^{繪本太閤記}》에는 임진왜란에 대한 이야기와

《에혼 다이코기》 속 임진왜란의 참상 국립중앙도서관 소장

전쟁의 참혹함을 알 수 있는 삽화가 담겨 있습니다.

　위의 그림 속에 쓰러져 있는 여인은 이미 목숨을 잃은 상태입니다. 그런데 아이는 엄마가 죽은 줄도 모르고 배가 고파 엄마의 젖을 찾고 있습니다. 차마 그 광경을 보지 못하고 눈을 가린 채 슬퍼하는 사람, 놀라서 달려오는 사람도 보입니다. 이렇듯 일본의 침략은 조선 곳곳을 황폐하게 만들었습니다.

　일본의 기세는 강했습니다. 조선이 맥없이 당하기만 하자 명나라에서도 위기의식을 느꼈습니다. 이대로 가다간 정말로 왜군이 명나라까지 올 수 있겠다 싶었겠지요. 위험을 감지한 명나라는 조선에 구원병을 보냈고, 왜군에게 한양까지 빼앗겼던 조선은 꼬박

1년이 지나서야 수도를 되찾을 수 있었습니다.

전쟁의 포화가 휩쓸고 지나간 한양의 모습은 《징비록》에 생생하게 기록되어 있습니다.

> "성안의 백성들은 백에 하나도 남아 있질 않았는데, 살아 있는 사람들조차 모두 굶주리고 병들어 있어 얼굴빛이 귀신 같았다. 날씨마저 더워서 성안이 죽은 사람과 죽은 말 썩는 냄새로 가득했는데 코를 막지 않고는 한 걸음도 떼기 힘들었다."
>
> 류성룡, 《징비록》

《징비록》은 당시 전쟁 수행 책임자 가운데 가장 높은 직책을 가지고 있었던 류성룡이란 인물이 쓴 글입니다. 기록에 따르면 한양은 여기저기 죽은 이들의 시체와 그 시체가 썩는 냄새로 가득했고, 살아 있는 사람들의 몰골도 산 사람 같지 않았다고 합니다. 상상만으로도 끔찍한 장면이지요.

조·명 연합군에 의해 왜군은 한양에서 지금의 울산, 부산이 있는 경상남도 해안가까지 밀려났습니다. 하지만 일본으로 돌아가지 않고 그곳에 성을 지은 뒤 버티기만 합니다. 명나라와 협상을 진행하고 있었기 때문입니다. 일본은 전쟁을 끝내고 조선을 떠나는 조건으로 명나라에 자신들의 요구를 들어달라고 했습니다. 그중에는 도저히 받아들이기 힘든 조항도 있었지요. 그 조항은 다음과 같았습니다.

> 첫째, 명나라의 황녀를 일왕의 후궁으로 줄 것.
> 둘째, 조선 8도의 절반인 4도를 일본에게 줄 것.

이 때문에 명나라와 일본의 협상은 쉽사리 성사되지 않았습니다. 그동안 왜군과 명나라군 모두가 한반도에 머물렀으니, 두 나라 사이에 낀 조선의 괴로움은 어마어마했을 것입니다. 양쪽 모두의 눈치를 봐야 했으니까요.

4년이나 시간을 끌었지만, 결국 협상은 결렬되고 말았지요. 그리고 1597년, 일본의 대대적인 침략이 또다시 시작되었습니다. 정유재란이 일어난 것입니다.

일본의 전리품이 된 조선인들

1592년 일본이 처음 조선에 쳐들어온 목적은 명나라를 공격하기 위함이었습니다. 그런데 1597년 두 번째 침략은 달랐습니다. 조선 그 자체가 목적이었지요. 오랜 전쟁으로 당시 왜군의 사기는 이미 바닥을 치고 있었습니다. 그냥 물러선다면 지는 싸움을 위해 막

대한 돈과 병사를 쏟아 부은 셈이 되니, 조선 땅에서 무엇이든 얻어가려 한 것입니다.

일본은 조선 남부 지역을 점령하고 자원을 약탈하겠다는 계획을 세웠습니다. 무자비한 약탈과 살해, 방화 등으로 남도 지역이 초토화되면 조선도 항복할 것이라는 생각이었지요. 게다가 이때 일본의 주요 타깃은 바로 '조선인' 그 자체였습니다. 사람을 잡아가기 시작했던 것입니다.

왜군은 잡아간 조선인을 짐승 취급했습니다. 소나 말처럼 다루며 짐을 나르게 했는데, 그 정도가 지나쳐서 눈 뜨고 볼 수 없을 정도였다고 합니다. 왜군 승려가 정유재란 때 의사로 종군하며 쓴 《조선일일기朝鮮日日記》를 보면 왜군들이 조선인을 어떻게 대했는지 알 수 있습니다.

> 모든 사람에게 무거운 짐을 봉래산과 같이 가득 싣게 하여 끌고 와서, 마침내 본 진영에 도착하면 "전혀 쓸모없는 소는 필요 없다" 하면서 곧바로 죽이고 가죽을 벗기고 먹어 치워버린다.
>
> 케이넨 《조선일일기》

여기서 말한 '소'가 바로 조선인입니다. 잘 걷지 못하면 두들겨 패고, 짐을 지워 물건을 옮기고, 쓸모가 없어지면 베어 죽여 먹기까지 했다니 믿을 수 없을 만큼 잔인하지요.

이들뿐만 아니라 왜군들의 뒤를 쫓아다니며 조선인이라면 남녀노소 가리지 않고 줄에 묶어 끌고 가는 사람들도 있었습니다. 바로 인신매매 상인들이었습니다.

인신매매 상인에게 붙잡힌 조선인은 화물처럼 배에 실려 부산에서 일본 나가사키로 보내졌습니다. 그 뒤에는 이탈리아, 포르투갈, 인도, 마카오, 마닐라 등 세계 곳곳에 국제 노예로 팔려갔지요. 하루아침에 말도 통하지 않는 낯선 곳에서 노예로 살게 된 조선인들의 삶은 얼마나 비참했을까요. 이런 일이 일어날 수 있었던 까닭은 당시 일본이 세계 노예시장을 장악하고 있던 포르투갈 상인과 활발한 교역을 하고 있었기 때문입니다.

일본이 얼마나 많은 조선인들을 잡아갔는지, 조선인 노예가 시장에 쏟아지자 전 세계 노예시장의 시세가 예년의 6분의 1 수준으로 하락할 정도였다고 합니다. 이탈리아의 중계 무역상으로《나의 세계 일주기My voyage around the world》를 쓴 프란체스코 카를레티Francesco Carletti는 '조선인 노예 5명을 포르투갈 화폐 단위로 겨우 12스쿠도면 손에 넣을 수 있었다'고 했습니다. 당시 아프리카 노예 1명이 170스쿠도에 거래됐으니 조선인들이 얼마나 헐값에 팔렸는지 알 수 있지요.

정확히 집계된 기록은 없지만, 그때 잡혀간 조선인 포로는 약 10만~20만 명 정도로 추정하고 있습니다. 일반적으로 임진왜란이라 하면 동아시아 3국 즉, 조선, 일본, 중국의 싸움이라 생각하지만 이처럼 세계적으로도 영향을 준 것입니다.

일본이 조선인을 많이 잡아간 이유는 크게 두 가지였습니다. 하나는 일본 내부의 부족한 노동력을 노예로 채우기 위해서였고, 또 다른 하나는 부족한 군비와 자금을 보충할 자원으로 쓰기 위해서였지요. 일본은 닥치는 대로 조선인을 잡아들여 싼값에 팔아넘긴 다음, 그 돈으로 조선을 공격할 무기인 조총을 사들였습니다. 조선인을 판 돈으로 조선을 공격한 것입니다.

특별 취급을 받은
조선 장인들

일본이 모든 조선인을 다 노예로 팔아버린 것은 아닙니다. 선별해 끌고 간 사람들도 있었습니다. 도요토미 히데요시의 주인朱印이 찍힌 공문서, 주인장朱印狀을 보면 그들이 어떤 인물을 찾고 있었는지 알 수 있습니다.

> "사로잡아 놓은 조선 사람 가운데 세공 기술자와 바느질 잘하는 여인, 손재주가 있는 여인이 있으면 곁에 두어 여러 가지 일을 시키고 싶으니 보내주길 바란다. 부하들에게도 알려주기 바란다."
>
> - 도요토미 히데요시 주인장(1593년 11월 29일)

조선인은 손재주가 뛰어났습니다. 당시에는 바느질도 기술의 일종이었지요. 근사한 옷을 입기 위해서는 필수적인 기술이었으니까요. 그런데 수많은 기술 중에서도 도요토미 히데요시가 가장 탐을 냈던 것은 바로 조선의 도자기 기술이었습니다. 조선은 14세기 중국 원나라에 이어 세계에서 두 번째로 자기를 만들 수 있게 된 나라였기 때문입니다.

도요토미 히데요시 일본의 무장이자 정치가로 1590년 일본을 통일했다. 임진왜란을 일으킨 주범이다.

오랜 시간 도자기 기술을 보유하고 발전시킨 몇 안 되는 나라 중 하나였지요.

왜 도요토미 히데요시는 도자기 기술을 탐냈을까요? 최고 권력자인 그가 차와 찻잔에 관심이 많았기 때문입니다. 일본에서는 차를 마시는 모임인 다회를 높은 자격을 가진 최고위층만 열 수 있었습니다. 도요토미 히데요시는 차를 마시는 예법인 다도를 정치에 이용했습니다. 영주와 무사들은 귀한 찻잔을 구매해서 히데요시에게 바치며 충성 경쟁을 벌였고, 히데요시 역시 아랫사람에게 찻잔을 선물하며 정치를 했지요.

그때 쓰인 다기 중 대표적인 것이 이도다완井戶茶碗입니다. 이도다

이도다완 일본 국보 26호로 지정된 기자에몽 이도

완은 조선에서 만들어진 그릇으로, 일본에서는 지위가 높은 사람들이 차를 마시는 데 쓰는 최고급 찻잔이었습니다. 기교를 부리지 않은 조선 그릇의 소박함을 높게 평가했던 것이지요.

그런데 재미있는 사실은 이 이도다완이 조선에서는 막사발로 쓰였다는 것입니다. 일반 민가에서 김치 같은 음식을 담는 그릇으로 사용했는데 일본에서는 그토록 귀한 취급을 받았던 것이지요. 심지어 한 영주는 오사카성을 준다고 해도 이도다완과는 바꿀 수 없다고 했다니, 말 다했습니다. 이도다완은 일본 지배층 사이에서 유행하는 사치품이자 부와 명예의 상징이 되었습니다. 다들 찻잔 수집에 집착하기 시작했고, 이는 곧 조선 자기에 대한 환상과 욕심으로 이어졌습니다.

세계 최고 수준의
조선 도자기

조선에서는 평범한 그릇이었던 이도다완이 일본에서 큰 사랑받을 수밖에 없었던 이유는 또 있습니다. 일본의 도자기 기술이 조선에 비해 한참 떨어졌다는 것이지요. 당시 일본은 나무 그릇이나 '도기陶器'만 만들 수 있었지, '자기瓷器'를 만드는 기술은 없었다고 합니다.

'도기'와 '자기'를 합쳐서 '도자기陶瓷器'라고 합니다. 모양을 보면 크게 다르지 않은 것 같은데, 도기를 만들어 썼던 일본이 왜 자기는 만들지 못했던 것일까요? 기술력이 부족했기 때문입니다. 그 당시에는 자기가 최첨단 기술의 집약체였습니다. 지금의 우리나라는 반도체 기술로 유명하지요? 만들면 큰돈을 벌겠지만 어느 나라나 쉽게 반도체를 만들 수는 없습니다. 자기도 그랬던 것입니다. 일본이 자기를 만들 수 없었던 이유는 크게 세 가지로 나눌 수 있습니다.

조선 백자호(위, 서울역사박물관 소장)
조선 도기 소호(아래, 국립광주박물관 소장)

첫째, 일본인들은 자기를 만드는 재료가 무엇인지 알지 못했습니다. 조선 사기의 큰 특징은 순백의 흰색입니다. 그 빛깔을 제대로 내려면 '장석'이라는 하얀 광석이 필요했습니다. 장석을 곱게 갈면 흰 흙이 만들어지는데, 이것이 바로 자기의 필수 재료인 '고령토'입니다. 고령토를 적절한 비율로 물에 개어 그릇으로 빚은 다음 구우면 자기가 되는 것이지요. 일본은 장석을 갈아서 자기를 만든다는 사실 자체를 알지 못했습니다.

두 번째 문제는 가마였습니다. 일본의 가마로는 자기를 만들 수 없었습니다. 자기를 굽기 위해서는 섭씨 1,300도 이상의 높은 온도가 필요합니다. 그 온도를 오랫동안 유지할 수 있는 가마를 만드는 기술 또한 필수였지요. 그래야 단단하면서도 얇고 가벼우며 두드리면 경쾌한 소리가 나는 훌륭한 자기를 만들 수 있었습니다. 그러나 일본의 가마는 기껏해야 섭씨 1,000도까지밖에 올리지 못했으니, 고화력의 가마를 만들지 못해 자기를 구워낼 수 없었지요.

세 번째로, 당시 일본에는 높은 온도를 견디는 유약을 만드는 기술이 없었습니다. 초벌한 도자기는 유약에 담갔다가 굽습니다. 유약은 도자기 겉면을 유리처럼 코팅하는 역할을 하지요. 다른 물질이 묻어 변색하는 것을 막고, 단단하고 날카로운 물건으로 긁어도 흠이 생기지 않도록 해줍니다. 그런데 자기는 고온에서 굽기 때문에 높은 온도를 견딜 수 있는 특별한 유약을 발라야 했습니다. 일본에서는 모르는 비법이었지요.

하동 백련리 도요지 이 가마터는 16세기 말이나 17세기 초의 것으로 추정되며 임진왜란 때 일본인들이 이곳의 가마를 파괴하고 도공들을 납치했다고 전해진다. 일본에서 유명한 이도다완과 비슷한 도자기 조각이 적지 않게 발견되는 점이 특징이다. 창원 두동리 가마터와 함께, 임진왜란 때 우리 도공들을 납치하여 생산한 이도다완의 기원을 밝히는 데 중요한 유적이다. 문화재청 제공.

　이처럼 일본은 자기를 만드는 데 필요한 조건을 갖추지 못했습니다. 그러니 자기를 가지기 위해서는 중국과 조선에서 수입해야만 했고, 종내에는 직접 만들지 못한다면 만들 수 있는 사람을 잡아 오면 된다는 생각까지 하게 된 것입니다. 도요토미 히데요시는 자기를 만드는 장인인 사기장들을 대거 잡아 오도록 명령했고, 조선의 기술자들은 그렇게 일본으로 끌려가게 되었습니다.

　이 때문에 임진왜란 이후 조선과 일본의 상황은 완전히 달라졌습니다. 전쟁이 끝난 1601년, 선조는 깜짝 놀랄 만한 보고를 받았습니다. 궁궐에서 사용할 그릇이 부족하다는 것이었습니다.

"신하들을 궁궐 정원으로 초대하여 고기를 권하였는데 이번에는 사용원에 그릇이 없어 그렇게 할 수가 없겠다."

《선조실록》133권, 선조 34년(1601) 1월 5일

왕이 궁궐 정원에 신하를 초대해 음식을 대접하려 했는데, 그릇이 없어서 무산되었다니 기막힌 일입니다. 일본에서 그릇을 많이 훔쳐 가기도 했거니와, 새로운 그릇을 만들 기술자도 충분하지 않았던 것이지요.

당시 사기장은 관청에 소속된 기술자였고, 이들은 그릇 만드는 일을 가업으로 삼아 대대로 물려주었습니다. 집안의 여자들은 초벌구이나 유약 바르는 일을 했지요. 그런데 전쟁으로 죽거나 일본에 납치된 사람이 많다 보니 그 인원이 모자랐던 것입니다. 기술을 전수하는 데는 오랜 시간이 걸렸던 만큼 당장에 사기장을 길러낼 수도 없었습니다.

조선의 자기를 노렸던 일본은 조선 땅의 고령토까지 싹싹 긁어 갔습니다. 무려 약 8년간 도자기를 만들 수 있는 어마어마한 양이었다고 합니다. 각종 도자기만으로도 모자라 기술의 원천인 사기장과 원료인 고령토까지 몽땅 털어간 것입니다. 일본이 얼마나 도자기에 집착했는지 알 만하지요. 이렇게 거둔 전리품들은 모두 일본과 가깝고 물건을 옮기기도 편한 부산으로 모았습니다. 그리고 부산에서 출발한 침략선은 일본의 규슈 지방으로 향했습니다.

규슈섬의 아리타, 카라츠, 하기, 나에시로가와, 타테노 등은 세계적으로 유명한 도자기 생산지입니다. 조선인 포로로 잡혀간 사기장의 기술이 지금까지도 이어져 내려와 그 지역 자체가 세계에서 손꼽히는 도자기 브랜드가 된 것입니다.

사기장들이 규슈에 집중되었던 까닭은 규슈의 영주들이 임진왜란의 선봉에 섰기 때문입니다. 규슈의 각 지방 영주들은 사기장을 끌고 돌아왔고, 사기장은 그들의 소유물이 되어 규슈 곳곳으로 흩어졌습니다.

일본 도자기의 신이 된
조선 사나이 이삼평

당시 일본으로 잡혀가서 아리타 지역을 도자기로 부흥시킨 대표적인 사기장이 있습니다. 이번 이야기를 시작할 때 말한 인물, 이삼평입니다. 일본 도자기의 신이라고 할 수 있지요.

이삼평에 대한 기록은 일본에만 남아 있습니다. 이삼평이라는 이름도 일본 사료로 추측한 것입니다. 일본 도잔 신사陶山神社에 세워진 이삼평비에 새겨진 글을 보면 그가 어떻게 일본으로 갔는지 알 수 있습니다. 임진왜란이 끝날 무렵, 김해 지역 사람 이삼평이 일본으로 갔다는 내용이 있기 때문입니다. 이 비문에는 이삼평이

이삼평비 일본 규슈 아리타 도잔 신사에 위치한 도조 이삼평비. 1917년 아리타 자기 300주년을 기념하여 건립되었다.

마치 자진해서 따라간 것처럼 '이삼평은 일본군에 매우 적극적으로 협력했다'고 쓰여 있었지만, 순전히 일본 입장에서 쓴 내용이었습니다. 한국 학자들의 항의로 인해 현재는 '일본군에 붙잡혀 길 안내 등의 협력을 명령받은 것으로 추정된다'고 내용이 수정된 상태입니다.

우리 학계는 이삼평이 전쟁이 끝날 무렵인 1598년에 포로로 끌려간 것으로 보고 있습니다. 일본 영주는 이삼평이 조선 자기를 만들기를 바랐습니다. 말도 통하지 않는 그곳에서 이삼평은 함께 끌려온 18명의 조선인 사기장과 함께 도자기를 만들며 지냈습니다.

그런데 얼마 지나지 않아 그들은 잠시나마 자리 잡았던 땅을 떠나야 했습니다. 훌륭한 자기를 만들기 위해서는 양질의 고령토가 꼭 필요한데 조선에서 가져온 고령토가 바닥나버린 것이지요. 이삼평이 머물던 영지 내에서 나는 재료로는 좋은 자기를 만들 수 없었습니다. 조선인 사기장들이 상품성 높은 고급 자기를 만들지 못하면 그들의 가치와 쓸모는 점점 낮아질 것이었습니다. 결국 이삼평 일행은 도자기 굽는 일을 멈추고 규슈를 떠돌며 고령토를 찾기 시작했습니다.

몇 년이나 떠돌았을까요. 그들은 온 규슈를 뒤진 끝에 양질의 고령토를 찾아낼 수 있었습니다. 아리타 동부의 이즈미산泉山. 바로 이 산에 자기를 만드는 데 꼭 필요한 고령토를 제공해줄 양질의 장석이 가득했던 것이지요. 그 양이 얼마나 풍부했는지, 여기서 채굴한 광석으로 무려 400년 가까이 도자기를 만들었다고 합니다. 일본의 도자기 역사를 완전히 바꾼 여정이었던 셈입니다.

이삼평은 이즈미산 근처에 자리를 잡고 가마터를 지은 뒤 본격

이즈미산의 백자 광산

적으로 도자기를 만들기 시작했습니다. 그리고 1616년, 일본 도자기 기술사에 길이 남을 사건이 벌어집니다. 최초로 일본 흙으로 백자를 만들어낸 것입니다. 15세기 조선에서 만들어진 백자 사발과 일본에서 만들어진 백자 사발을 비교하면 그 모양새가 유사함을 알 수 있습니다. 일본인이 조선 스타일을 선호했으니까요.

이삼평이 조선의 백자와 비슷한 형태의 자기를 만들었다는 소식을 듣고 가장 기뻐했던 사람은 이삼평 일행을 잡아 온 영주였습니다. 일본에서 자기는 최고의 사치품이었습니다. 뇌물로 바쳐도 좋고, 해외에 팔기도 했지요. 영주는 근처에 살던 조선인들을 불러 모아 이삼평과 함께 일하게 했습니다. 그렇게 해서 아리타에는 조선인 도자기 마을이 들어서게 되었습니다.

마을은 곧 고급 자기를 대량 생산하는 공장으로 변했습니다. 1650년부터 1757년까지, 17세기 유럽인들이 동방 진출을 목적으

조선 백자 사발(좌, 국립고궁박물관 소장)과 일본 백자 사발(우, 사가현립규슈도자기문화관 소장)

로 세운 동인도회사를 통해 약 100년 동안 수출된 아리타 도자기가 무려 120만 점이 넘는다고 합니다. 정말 어마어마한 양의 도자기를 만들어냈던 것입니다. 아리타 재정 수입 90퍼센트가 도자기 판매로 벌어들인 수익이었다고 하니 어느 정도인지 알 만합니다.

유럽인들은 일본을 '도자기의 나라'라고 부릅니다. 임진왜란은 '도자기 전쟁'이라고도 하지요. 임진왜란으로 일본의 도자기 문화가 성장했다는 사실을, 해외에서 어느 정도 알고 있다는 뜻입니다.

17세기부터 크게 발전한 아리타에서는 매년 봄이면 도자기 축제가 열립니다. 조선 사기장의 기술로 키운 마을이 이렇게 유지되고 있는 것이지요. 이삼평을 데리고 있던 영주 집안인 타쿠가^{多久家}의 문서를 보면 이삼평을 매우 높이 평가하는 내용이 나옵니다.

> "아리타에서 최상의 흙을 발견하였으므로 가미시라가와라는 곳으로 주거를 옮겨 도자기를 만들어 번성하기 시작했습니다. 지금은 사가번의 제일가는 산업이 되었는 바, 이는 이삼평의 공훈입니다."
>
> — 타쿠가 고문서

이삼평의 공을 인정하고 그를 은인으로 여겨 '도조 이삼평'이라는 글을 새긴 기념비가 바로 앞에서 소개한 그것입니다. '도조'란 도자기의 조상이라는 의미로, 이후 이삼평은 신사에 모셔져 말 그대로 '도자기의 신'이 되었습니다. 지금도 일본에서는 매년 5월이면 이삼평에게 감사를 전하는 제사를 지낸다고 합니다.

애통한 나날을 보낸
조선 사기장

일본으로 끌려간 사기장들이 모두 이삼평과 같은 삶을 살았던 것은 아닙니다. 이삼평처럼 영주에게 대접받은 사람도 많지만, 괴롭게 살다 간 사기장들은 더 많았습니다.

영주들은 조선인 사기장들을 모아 조선인 마을을 꾸렸습니다. 돈이 되기 때문이었지요. 조선인 사기장들은 황금알을 낳는 거위와 같았습니다. 영주들은 점차 이들의 삶을 철저하게 통제하기 시작했습니다. 돈이 되는 도자기 기술이 다른 지역으로 새어 나가는 것을 막기 위해서였지요. 그런 삶은 대를 이어서 계속됐습니다.

허허벌판에 던져진 사기장들은 황무지를 개간하고 가마터를 만들어야 했을 것입니다. 어떤 영주들은 먹을 것도 제대로 챙겨주지 않았습니다. 조선인 사기장들은 굶주림에 허덕이고 병마와 싸워야 했습니다. 그들은 그릇을 만들어 근처에 사는 일본인들이 내놓는 생필품과 맞바꿔 생계를 이어갔다고 합니다.

낯선 땅에 끌려와 숨 막히는 감시 속에서 살아야 했던 그들의 심정은 어땠을까요? 200여 년의 시간이 흘러 한 일본인이 조선인 사기장의 후예와 나눈 대화를 보면, 그들이 한 번도 가보지 못한 조선을 고국이라고 생각하며 그리워한다는 사실을 알 수 있습니다.

> "고향은 잊을 수 없는 것이라고 누군가 말했지만, 오늘에 있어 벌써 200년이나 지났고, 말마저 이 나라 사람과 다름없이 사용하고 있습니다. (…) 어쩐지 간혹 고향 생각이 날 때가 있지요. 지금이라도 귀국이 허용된다면 돌아가고 싶은 심정입니다."
>
> 《서유잡기》

일본에서 고립된 삶을 산 사기장들은 마을에서 유일하게 바다가 보이는 산에 올라 그리움을 달랬다고 합니다. 그리고 고국 조선을 잊지 않기 위해 영주에게 간청했지요.

"최고의 도자기를 구울 테니 우리의 신을 섬기게 해주시오."

이들이 섬기고자 했던 신은 고조선의 시조 단군이었습니다. 조선이라는 나라의 시작이자 우리 민족의 뿌리인 단군을 모시고자 한 것입니다. 사기장들은 신사를 짓고, 그곳에 단군을 모셨습니다. 그리고 추석이 되면 한데 모여 떡을 나눠 먹고 '망향가'라는 노래를 부르며 제사를 지냈다고 합니다.

조선인 사기장들의 흔적을 찾아볼 수 있는 곳이 또 있습니다. 산골짜기에 숨어 있는 아주 작은 마을 오카와치야마大川内山는 '비요秘窯'의 마을, 즉 비밀스러운 도자기 마을이라고도 불리는 곳입니다.

이곳에는 기묘한 탑 하나가 있는데, 탑을 이루고 있는 돌은 다름 아닌 조선인 사기장들의 묘비이지요.

이름도 남기지 못한 많은 조선인 사기장들의 묘비는 원래 마을 곳곳에 방치되어 있었습니다. 그런데 1938년, 사연을 듣고 안타깝게 여긴 한 스님이 880개의 묘비를 모두 모아 탑으로 쌓았습니다. 임진왜란이 1598년에 끝났으니, 무려 340년의 시간 동안 방치되어 있었던 셈이지요. 고국으로 돌아가지 못하고 죽기 전까지도 조선을 그리워했을 사기장들. 그들은 지금도 이름 없이 타국 땅에 묻혀 있습니다.

비요의 마을에 조성된 도공무연탑

또 다른 문화 약탈,
조선의 서책을 훔치다

임진왜란 당시 일본이 노린 것은 조선의 기술만이 아니었습니다. 도자기와 사기장만큼이나 대거 약탈해간 것이 또 있으니, 바로 책입니다. 책을 얼마나 많이 도둑맞았는지, 임진왜란 후에 조선 왕세자가 공부할 책이 없어 선비들에게 빌려와 읽어야 할 정도였습니다. 그야말로 책 부족 국가가 된 것입니다.

책을 훔쳐 간 이유는 일본 내부 사정에서 찾을 수 있습니다. 15세기 중반부터 16세기 후반까지 일본은 무수히 많은 세력이 다투던 전국시대로, 그 시기에 일본에서는 수많은 내전이 일어났습니다. 전쟁이 나면 약탈과 방화가 이어지니 자연히 책이 없을 수밖에 없었지요. 그때는 세상의 모든 지식이 책에 담겨 있던 시절입니다. 귀한 책은 그 가격과 가치가 어마어마했지요.《중종실록》에 따르면 대학이나 중용 같은 책의 가격은 무려 2년치 쌀값과 맞먹었다고 하니까요. 그래서 일본은 자신들의 책 부족 문제를 조선의 책을 훔쳐 해결하려 했습니다.

그런데 왜군에게는 한 가지 문제가 있었습니다. 어떤 책을 훔쳐야 할지 모른다는 것이었지요. 조선에 쳐들어온 일본의 군인이나 무사들은 글을 제대로 읽지 못했던 것입니다. 가장 높은 자리에 있었던 도요토미 히데요시도 겨우 글을 읽고 쓸 수 있는 정도인데다 유명한 악필이었다고 합니다.

책을 훔치고 일본으로 옮기는 것도 큰일인데 아무 책이나 가져갈 수는 없는 노릇이었겠죠. 결국 도요토미 히데요시는 전쟁 전에 승려들을 모아 조선의 문화재를 어떻게 훔치면 좋을지 물어보았습니다. 그들은 당시 일본에서 높은 학식을 자랑했던 승려들이었지요. 이들은 조선으로 와서 일본군이 조선의 서적과 보물을 약탈하는 데 앞장섰습니다.

일본은 조선의 궁궐, 사찰, 양반의 집 등에서 귀한 책을 샅샅이 찾아내 약 10만 권이나 되는 서책을 약탈했습니다. 고려의 역사를 기록한《고려사절요》초간본에서부터 시작해 200년간 쌓아온 조선 왕실의 역사서《승정원일기》와《조선왕조실록》같은 책은 물론이고 의학서와 경전, 문집 등 중요한 책들이 많이 사라졌습니다. 단순히 책뿐만 아니라 우리나라의 역사와 정신을 훔쳐간 것이죠.

위기를 기회로 바꾼
조선 스파이 강항

일본은 책만 훔쳐간 것이 아닙니다. 도자기뿐 아니라 도자기를 만드는 사기장까지 끌고 간 것처럼, 서책만이 아니라 선비까지 끌고 갔습니다. 선비는 살아 있는 조선의 지식이었으니까요.

일본에 납치된 선비 중에 강항이라는 사람이 있습니다. 그는 임진왜란이 일어날 당시 전라남도 영광에 살고 있었습니다. 그는 중앙 관직을 두루 거치고 고향으로 내려와 군량미 수송 임무를 맡고 있었지요. 이순신 장군이 일본을 쳐부술 해전을 앞두고 있다는 소식을 들은 강항은 식솔들을 모아놓고 이렇게 말했습니다.

"통제사에게 붙어서 싸우기도 하고 후퇴하기도 하는 것이 설사 성공을 못 하더라도 떳떳하게 죽을 수 있는 길일 것이다."

통제사란 바로 이순신 장군을 가리키지요. 죽더라도 이순신 장군에게 힘을 보태다가 당당하게 죽어야겠다고 생각한 것입니다.

강항은 식솔들과 함께 이순신이 있는 곳으로 떠났습니다. 그런

영광 내산서원 조선 중기 문신 강항을 추모하기 위해 세운 서원이다. 정유재란 때 의병을 모아 활동하다가 포로가 되어 일본으로 압송되었다. 1600년 귀국한 후 벼슬을 사양하고 독서와 후진 양성에만 전념했다. 사진은 내산서원 내에 있는 강항 동상이다. 문화재청 제공.

데 도중에 그만 왜군과 맞닥뜨리고 맙니다. 강항은 왜군에 잡히지 않기 위해 강으로 뛰어들었지만 왜군은 물에 빠진 강항을 장대로 건져 살려냈습니다. 일본으로 보내기 위해서였습니다.

"갓을 쓰고 명주옷을 입은 걸 보니 관직에 있는 사람 같다. 포박해서 일본으로 보내야겠다."

일본에서는 선비처럼 글을 쓸 수 있는 포로를 귀하게 여겼습니다. 결국 강항도 일본이 약탈한 조선의 전리품 중 하나가 된 것이지요. 일본군에 대항해 의병을 모으고 이순신을 도우려 했던 강항으로서는 너무나 비참하고 굴욕적인 상황이었습니다. 가족들과도 헤어져야 했습니다.

강항은 일본으로 끌려가는 도중에도 몇 번이나 바다에 뛰어들었습니다. 죽음을 무릅쓰고 탈출을 시도했지만, 번번이 실패했지요. 그런데 이게 웬일일까요? 일본에 가는 것을 죽기보다 싫어했던 강항이 일본에 도착하자마자 확 달라집니다. 일본의 지식인들과 친분을 쌓고, 일본의 역사와 지리를 배우는 등 공부에 열중했던 것입니다. 막상 가보니 일본이 좋아진 걸까요? 사실 강항에게는 어마어마한 계획이 있었습니다. 훗날 조선으로 돌아온 강항이 벼슬자리를 마다하고 고향에서 후학을 양성하며 집필한 책《간양록》에 그 비밀이 숨어 있습니다.

《간양록》의 원래 이름은 '죄인이 타는 수레'라는 뜻의《건차록》이었습니다. 적군의 포로로 잡힌 것 자체가 불충이라며 자신을 죄

간양록 국립중앙박물관 소장

인에 빗댄 것입니다. 책의 제목을 《간양록》으로 바꾼 것은 강항의 제자들인데, 이는 '양을 돌본다'는 뜻입니다. 중국 한나라의 장수 소무가 흉노족의 포로로 끌려가 양을 치며 살았다는 고사에서 따온 제목이었습니다. 강항의 충절을 기리기 위한 것이었지요.

《간양록》에는 조선이 생각했던 것보다 큰 일본의 땅과 많은 인구, 화포와 포수의 수준 등 왜군의 전력, 역사, 지리, 제도, 날씨, 풍속, 약점까지 당시 일본에 대한 엄청나게 많은 정보가 담겨 있습니다. 일본에 대항하기 위해 조선이 세워야 할 방책도 있지요. 강항은 포로로 있던 2년 반 동안 일본인과 친분을 쌓으며 일본의 핵심 기밀을 잔뜩 모았습니다. 위험을 무릅쓰고 스파이 역할을 자처한 것이지요. 일본 지식인들과 가까이 지낸 것도 이런 이유에서였습니다.

당시 조선은 일본에 대한 정보가 부족했고, 잘못된 정보도 많았습니다. 강항 덕분에 비로소 일본의 실체가 알려지게 되었지요. 《간양록》은 일본으로 가는 사신이라면 무조건 읽어야 하는 필독서가 되었고, 조선에서는 《간양록》을 비밀정보 서적으로 다루어 일본으로 유출되는 것을 금지했습니다.

흥미로운 점은 일제강점기에 조선총독부에서 《간양록》을 금서로 지정하고 불태웠다는 것입니다. 일본의 가치관과 풍속까지 상세히 소개되어 있을 뿐만 아니라 도요토미 히데요시를 비롯한 일본 장수와 영주들에 대한 인물평도 세세하게 기록되어 있었거든요. 일본은 《간양록》을 매우 두려워하고 위험한 책으로 여길 수밖에 없었습니다.

조선의 선비, 일본 유학의 아버지가 되다

강항은 일본에 있을 때도 오직 조선만을 생각했습니다. 한순간도 일본에 있기 싫은지 이런 말을 할 정도였습니다.

"살아서 대마도를 지나 부산을 한 치만이라도 바라보게 된다면, 아침에 갔다 저녁에 죽더라도 털끝만큼의 여한이 없겠다."

강항은 일본에 있는 내내 탈출하려 했지만, 철저한 감시 때문에 시도조차 쉽지 않았습니다. 방법을 찾던 강항은 자신의 재능을 이용하기로 결심했습니다. 글을 팔아 돈을 벌어 조선으로 갈 배를 구하려고 했던 것입니다.

강항의 생각대로 글은 잘 팔렸습니다. 그때 늘 은전을 주며 그에게 글을 써달라는 사람이 있었으니, 바로 일본의 승려 후지와라 세이카입니다. 세이카와의 만남으로 강항의 인생과 일본의 역사는 크게 바뀌게 됩니다.

처음에 강항은 단순히 돈을 벌기 위해 세이카에게 글을 써주었습니다. 그런데 세이카는 강항에게 스승이 되어달라고 끝없이 매달렸습니다. 강항이 자신을 받아주지 않자 속상해하며 이렇게까지 말할 정도였습니다.

"애석하게도 내가 중국에서 나지 못하고, 또 조선에서도 나지 못하고, 일본에서도 이런 시대에 태어났단 말인가?"

세이카는 일본에서 태어난 것을 원망할 정도로 유학을 배우고 싶어 했습니다. 사실 임진왜란이 있기 전부터 조선의 사신들과 교류하며 조선을 동경하고 유학을 꿈꿨는데, 마치 운명처럼 그의 앞에 조선에서 온 선비 강항이 나타났던 것이지요. 그랬으니 그 마음이 어땠을까요? 세이카에게 강항은 너무나도 모시고 싶은 스승이었습니다.

결국 강항은 세이카의 열정과 학구열에 감동하여 그를 자신의 제자로 삼습니다. 말은 통하지 않았지만, 조선과 일본은 한자를 쓴다는 공통점이 있지요. 강항이 한자로 유교 경전을 쓰면 그 한자를 보고 세이카가 일본어로 해석을 달았습니다. 이렇게 두 사람은 《논어》, 《맹자》, 《대학》, 《중용》 등 사서오경을 엮어냈고, 이것이 일본 최초의 유학 교과서가 되었습니다. 이 책을 계기로 유학이 민간에 개방되었고, 일본 유학이 발전하기 시작했죠.

강항은 일본에 있는 동안 세이카와 함께 무려 21권의 책을 엮었습니다. 또한 조선의 과거제도와 함께 왕과 신하들이 학문을 배우는 경연제도도 일본에 전파했지요. 일본의 한 성주는 강항의 능력을 높이 평가하며 귀화를 권했지만, 강항은 오로지 조선으로 돌아갈 마음뿐이었습니다.

결국 강항은 세이카와 일본 제자들의 도움을 받아 조선으로 돌아올 수 있었습니다. 강항이 떠난 후, 세이카는 승복을 벗고 유학자로 거듭나 많은 학자를 배출했지요. 이후 그는 일본 유학의 시조로 불리게 되었고, 세이카의 스승인 강항은 '일본 유학의 아버지'로 불리게 되었습니다.

조선의 문화를 약탈한 임진왜란

여기까지 살펴보면 임진왜란은 단순히 영토를 둘러싼 전쟁이 아니라 일본이 한반도의 문화를 훔쳐 간 문화전쟁이기도 했다는 사실을 잘 알 수 있습니다. 전쟁 동안 일본은 고려의 불화와 신라의 범종까지 가져갔습니다. 지금도 일본에는 고려 불화 400여 점이 있고, 신라의 범종 또한 하나를 제외한 7개가 모두 일본에 있습니다.

7년간 이어졌던 전쟁은 도요토미 히데요시의 갑작스러운 죽음으로 끝이 납니다. 일본의 침략으로 조선의 평화는 산산조각 났지요. 땅은 폐허가 되었고, 학살당한 조선인의 피로 뒤덮였습니다. 끔찍한 짓을 저지른 일본은 도자기와 책, 문화재뿐만 아니라 그 기술의 원천인 기술자들까지 훔쳐 갔고, 이들의 빈자리로 인해 조선은 오랫동안 전쟁의 후유증을 앓아야 했습니다. 기술과 문화 인력에 심각한 손실을 입었고, 모든 분야의 발전이 정체되었지요.

반면 일본은 비약적인 발전을 이뤘습니다. 특히 문화의 발전이 눈부셨지요. 조선에서 들여온 활자와 서적의 대량 유입으로 유학이 발달하며 문화 부흥이 일어났기 때문입니다. 유학은 일본의 교육과 문화 발전의 기틀이 되었습니다. 영주들이 각자 지방을 다스리던 체제에서 중앙집권 통치체제로 갈 수 있는 기반도 되었지요. 정치사마저 달라진 것입니다.

일본 평민들의 생활도 부유해졌습니다. 두부를 만들거나 면포를 짜는 등 일본으로 잡혀간 수많은 조선인 기술자가 일본 의식주에 변화를 가져다주었으니까요. 1624년, 임진왜란 이후 오랜만에 일본을 찾은 조선의 통신사가 그 풍요로운 모습을 보고 충격을 받을 정도였다고 합니다.

> "시장에는 물화가 산 같이 쌓였으며 살림집에는 곡식이 널려 있으니 (일본) 백성의 부유함과 풍성함이 우리나라와 비교가 되지 않았다."
>
> 강홍중, 《동사록》

이처럼 임진왜란은 17세기 동아시아의 정세를 바꿔놓았습니다. 단순히 한·중·일의 정치, 외교뿐 아니라 경제와 문화, 교육에 이르기까지 엄청난 변화를 가져왔지요. 그렇게 일본은 동아시아에서 가장 먼저 근대화에 발을 디디게 되었습니다. 반면 조선은 건국할 때 세웠던 사회구조가 완전히 무너지고, 새로운 사회구조를 세워야 하는 문제를 얻었습니다. 임진왜란은 조선의 변화 계기가 된 사건이라고도 볼 수 있지요.

메이지 시대 일본의 역사학자는 7년간의 임진왜란을 이렇게 평가했습니다.

"일본의 사치스러운 해외 유학이었다."

전쟁으로 인해 일본이 조선 문물을 흡수할 수 있었고, 이를 바탕으로 문화 부흥을 이뤘다는 사실을 일본 학자도 인정한 것입니다.

전쟁을 통해 눈에 보이는 것뿐만 아니라 문화까지 훔쳐 간 일본.

이는 모두 계획적인 일이었습니다. 임진왜란 이후 일본이 이룬 비약적인 발전에는 조선인의 피와 눈물이 깃들어 있는 셈입니다.

　우리가 이 치욕스러운 역사를 몇 번이나 다시 돌아봐야 하는 이유는 무엇일까요? 아마도 지난 실패에서 깨달음을 얻기 위해서일 것입니다. 눈에 보이는 것보다 훨씬 많은 것을 잃었다는 점을 기억해야 합니다. 앞으로 다시는 이런 일이 일어나지 않도록 징비, 즉 잘못을 꾸짖어 다시는 범하지 않도록 경계하는 시간을 가져야 할 것입니다. 그럴 때 비로소 임진왜란을 거치며 엇갈린 조선과 일본의 국력이 다시 뒤바뀌게 되는 역사적 장면을 보게 되리라 믿습니다.

4장

벌거벗은 병자호란

이근호(충남대학교 국사학과 교수)

조선의 세자는
왜 자금성에 갇혔나

현존하는 세계 최대의 궁궐이자, 가장 큰 규모의 세계문화유산이 무엇인지 아시나요? 바로 중국 베이징에 있는 자금성입니다. 건물 수만 900채가 넘고, 축구장 72개가 들어갈 정도로 어마어마한 규모를 자랑하는 곳입니다. 자금성은 1420년 명나라 영락제 때 완성되어 청나라가 멸망하기까지 수십 명의 황제들이 살았던 곳으로, 중국 황실의 상징이라고도 할 수 있지요.

그런데 이곳에 중국인이 아닌 조선의 세자가 살았던 적이 있습니다. 주인공은 바로 조선 제16대 왕 인조의 큰아들 소현세자입니다.

다른 사람도 아니고 조선의 다음 왕이 될 세자가 중국 궁궐에서

중국 자금성

살았다니 그 이유가 무척 궁금해집니다. 생활이 자유롭지 않고, 말
그대로 눈칫밥을 먹으며 지냈다고 하니 휴가나 여행은 아니었겠
지요. 오히려 세자는 치욕스럽고 안타까운 일 때문에 머나먼 중국
땅으로 가게 되었습니다.

　조선과 청나라의 관계가 어떠했기에 한 나라의 세자가 자금성
에 갇혀 있어야 했던 걸까요? 소현세자는 무사히 고국으로 돌아와
왕위에 올랐을까요? 지금부터 조선 역사상 가장 치욕스러운 사건
과 그 속에서 살아남아야 했던 소현세자의 비극적인 삶을 벗겨보
려 합니다.

병자호란이 낳은
삼전도의 굴욕

1637년 음력 1월 30일, 칼바람이 매서운 겨울날이었습니다. 모래벌판 위에 황금색 천을 지붕으로 삼은 높은 단이 세워졌습니다. 단 아래에는 남색 옷을 입고 두 손을 가지런히 모은 채 고개를 숙인 남자가 서 있었지요. 그는 다름 아닌 조선의 왕, 인조였습니다.

인조는 모랫바닥에 털썩 무릎을 꿇고 외쳤습니다.

"천은이 망극합니다!"

그러고는 양손을 땅에 대고 큰절을 했습니다. 그렇게 두 번, 세 번 큰절을 할 때마다 인조의 얼굴은 모래 범벅이 되었습니다. 그냥 절하는 게 아니라 이마가 땅에 닿도록 세 번씩 고개를 조아렸기 때문입니다. 삼배구고두례三拜九叩頭禮, 세 번 무릎을 꿇어앉고 아홉 번 머리를 조아려 절하는 청나라 예법에 따라 절했기 때문입니다. 뒤에서 그 모습을 지켜보던 신하들은 참담함에 고개를 들지 못했습니다. 조선 역사상 유례를 찾기 힘든 치욕을 겪었던 이날의 일을 가리켜 '삼전도의 굴욕'이라고 합니다.

인조는 누굴 향해 이토록 치욕스러운 의식을 행했던 것일까요? 높게 쌓은 단 꼭대기에 앉아 흐뭇한 표정으로 인조를 내려다보던 남자는 바로 청나라 2대 황제, 홍타이지였습니다.

조선은 청나라와의 전쟁에서 완벽하게 패배했습니다. 조선 왕

홍타이지 초상

은 처절하게 잘못을 빌어야 했지요. 이 전쟁이 바로 1636년에 벌어진 병자호란丙子胡亂입니다. 병자호란은 병자년에 오랑캐가 침입한 난이라는 뜻으로 여기에서 오랑캐는 북방 민족인 여진족을 가리키지요. 여진족이 파죽지세로 밀고 들어오자 조선은 금방 수세에 몰렸고, 인조는 남한산성으로 피신했습니다. 남한산성에서 약 한 달 반 동안 대항하지만 버티지 못했고 결국 삼전도로 나와 굴욕적인 패배 의식을 치렀던 것입니다.

그렇다면 여진족은 왜 전쟁을 일으켰을까요? 그 이유는 조선의 친명배금親明排金 정책 때문이었습니다. 이는 명나라와 친하게 지내고, 후금을 배척한다는 말이지요. 후금은 여진족이 나라 이름을 '청'으로 바꾸기 이전에 쓰던 국호입니다. 친명배금은 그 시절 조선을 지배한 가치관이었고, 후금이 청나라가 된 뒤에도 이러한 생각은 바뀌지 않았습니다.

조선은 건국 당시부터 '사대교린事大交隣'의 외교를 지향했는데,

'사대'란 작은 나라가 큰 나라를 받들어 섬기는 것으로, 이 대상은 명나라였습니다. 명을 이른바 '아버지의 나라'로 여겨 임금이 즉위하거나 세자를 책봉하는 문제마저 승인을 받을 정도였지요. '교린'이라 함은 여진족이나 일본에 물품이나 관직을 주고 침략을 막는 것을 뜻하는데, 와중에도 여진족은 오랑캐라며 무시했습니다. 그런데 그 교린의 대상이었던 여진족이 나라를 세우고 점점 강성해지고 있었던 것이지요.

여진족이 명나라 땅을 야금야금 차지하면서 판도를 바꾸고 있었음에도 조선의 태도는 변하지 않았습니다. 청나라는 명나라를 완벽히 견제하기 위해 조선을 자신의 편으로 만들고 싶어 했지만, 조선의 입장에서 오랑캐와 친하게 지낸다는 것은 상상도 못 할 일이었던 것이지요.

인조가 재위하던 시대는 본격적인 명청 교체기로, 청나라는 몽골까지 병합하면서 성장합니다. 그런데도 조선은 멸망 직전인 명나라 눈치를 보느라 청나라를 무시했습니다. 오히려 명나라에 대한 사대가 더욱 심해졌으니 명과 대립하는 여진족은 멀리할 수밖에 없었습니다. 청나라는 그런 조선을 굴복시키고 신하로 만들겠다며 조선에 쳐들어온 것입니다.

인조는 저항도 하지 못한 채 청나라에 항복했고, 충성을 다하겠다는 의식을 치렀습니다. 무릎을 꿇고 땅에 머리를 대며 항복한 것도 수치스러운데, 곤룡포까지 벗어야 했지요. 조선 왕이 입는 곤룡

서울 삼전도비 병자호란 때 청에 패배해 굴욕적인 강화협정을 맺고, 청 태종의 요구에 따라 그의 공덕을 적은 비석이다. 문화재청 제공.

포는 붉은색이지만, 인조는 남색 옷을 입었습니다. 남색은 신하를 의미하는 색깔이었습니다. 즉, 조선이 청나라를 섬기는 신하의 나라가 되겠다는 뜻이었던 셈입니다.

청나라는 이 일을 기록한 비석을 세우라고 요구했습니다. 조선은 인조가 홍타이지에게 항복했던 장소인 삼전도에 삼전도비를 세웠습니다. 과거에 큰 홍수로 물길이 바뀌면서 그 나루터 자리는 사라졌고, 현재는 그곳과 가까운 서울 석촌호수 옆에 삼전도비가 자리하고 있지요.

왕을 대신해
항복을 자처한 세자

그런데 인조가 이와 같은 치욕을 겪기 전, 죽음을 각오한 채 청나라 황제 앞에 서겠다고 나선 이가 있습니다.

"나에게는 일단 동생이 있고 또 아들도 하나 있으니 역시 종사를 받들 수 있다. 내가 적에게 죽는다 하더라도 무슨 유감이 있겠는가. 내가 성에서 나가겠다는 뜻을 말하라."

《인조실록》 34권, 15년(1637) 1월 22일

동생도 있고 아들도 있으니 내가 죽어도 나라의 대는 이을 수 있다며 성에서 나가겠다고 말한 이 사람. 바로 인조의 맏아들 소현세자였습니다. 그는 조선을 쑥대밭으로 만든 강력한 청나라 군대가 남한산성을 둘러싼 것을 보면서도 아버지 대신 자신이 나가겠다고 할 만큼 용기 있고 효심이 깊었습니다.

사실 소현세자는 목숨을 걸고 청나라 황제 앞에 나서기엔 당시

남한산성 북한산성과 함께 수도 한양을 지키던 조선 시대의 산성. 병자호란 때 인조가 이곳으로 피신했지만 강화도가 함락되고 양식이 부족하여 결국 세자와 함께 성문을 열고 삼전도에서 치욕적인 항복을 했다. 문화재청 제공.

조선 사회에서 너무나도 중요한 사람이었습니다. 왕의 적장자이자 인조의 뒤를 이어 조선을 이끌어야 할 인물이었으니까요. 그는 이미 차기 왕으로서의 면모를 보이기도 했습니다.

> "자신에게 진공되는 물품을 절감하고 시종들을 엄격히 경계하여 오로지 폐단을 줄여 백성들을 여유 있게 해주기를 힘썼다."
>
> 《인조실록》 46권, 23년(1645) 6월 10일

소현세자는 1627년 정묘호란 때 16세의 나이로 전주에서 백성을 돌보게 되었습니다. 기록에 따르면 소현세자는 전쟁 중이던 당시 상황을 고려하여 자신에게 바치는 물건을 줄이고 신하들의 옳지 못한 행동 또한 줄이라고 명령했습니다. 전쟁으로 고단해진 백성들을 조금이라도 편안하게 해주기 위함이었습니다.

당시 일어났던 정묘호란 역시 오랑캐, 즉 여진족이 일으킨 전쟁이었습니다. 이때는 청나라로 이름을 바꾸기 전의 국호인 후금이라는 이름으로 세력을 넓히고 있던 중이었지요. 이렇게 백성을 생각하는 소현세자의 모습은 사관들에게 깊은 감명을 주었고, 이후 소현세자가 영민하고 총명하다는 칭찬을 아끼지 않으며 그 내용을 기록으로 남겼던 것입니다.

이미 한 번 오랑캐라고 불렀던 이들의 침략을 겪어본 소현세자는 10년이 지나 더욱 강해져서 쳐들어온 여진족을 마주해야 했습

니다. 고뇌하는 아버지를 바라보며 자신이 대신 목숨을 바쳐서라도 전쟁을 끝내야겠다고 생각했던 것인지도 모릅니다.

한 나라의 세자가 이렇게 큰 결심을 했는데도 청나라는 세자가 아닌 왕이 직접 나와서 항복을 해야 한다며 소현세자의 뜻을 거부합니다. 왕이 무릎을 꿇는 최악의 상황만큼은 막으려 했지만, 실패로 돌아가고 만 것입니다.

청의 무리한 요구,
세자를 인질로 보내라

최후의 최후까지 버티다가 결국 패배를 인정한 조선. 항복을 받아낸 청나라는 인조와 소현세자에게 또 다른 난제를 던졌습니다. 조선이 지켜야 할 내용을 적어 보낸 것이지요.

> 명과의 관계를 끊고 청의 연호를 쓸 것.
> 청의 출병 요청에 원군을 파견할 것.
> (…)
> 세자 및 다른 왕자와 대신의 아들이나 아우를 인질로 보낼 것.
> ― 청 황제의 칙서(1637년 1월 28일)

이는 청나라 황제의 칙서에 적혀 있던 내용 중 일부입니다. 청나라는 조선에게 가장 먼저 명과의 관계를 끊으라고 요구했습니다. 청나라의 연호를 쓰라는 것은 청나라의 질서를 따르라는 뜻이었으니, 그간 명을 사대했던 조선의 입장에서는 쉽지 않은 일이었을 것입니다.

청나라가 요청하면 무조건 군대를 파병하라는 요구 또한 난감하기는 마찬가지였겠지요. 당시 청나라는 한창 명나라와 전쟁 중이었는데, 청나라를 돕는다면 조선의 군대는 명나라와 싸워야만 했습니다.

인조 개인에게 무엇보다 충격적인 요구는 인질을 보내라는 것이었습니다. 청나라는 인조의 아들인 소현세자와 왕자들, 거기에 대신들의 아들까지 요구했지요. 조선의 차기 왕인 세자가 오랑캐의 나라에 인질로 간다니, 인조에게는 하늘이 무너지는 일이었습니다. 청 황제는 세자를 보내라고 하면서 '만일 인조에게 뜻하지 않은 일이 발생하면 짐이 인질로 삼은 아들을 세워 왕위를 계승하게 할 것'이라고 말했습니다. 세자를 볼모로 잡고 조선에 영향력을 행사하겠다는 의도였습니다.

그 무엇 하나 쉽게 받아들이기 힘든 요구였지만 패전국의 왕은 아무것도 거부할 수 없었습니다. 치욕을 겪은 인조는 결국 소현세자를 청나라에 보내야만 했습니다. 그렇게 소현세자는 중국에 인질로 끌려간 조선의 유일무이한 세자가 되었습니다.

볼모가 된 세자와
청나라로 가는 험난한 여정

세자로서의 치욕을 감당하기도 어려웠겠지만 소현세자의 속을
더 태우는 아픔이 있었습니다. 2살짜리 아들과 생이별을 해야 했
거든요. 어린 아들을 두고 떠나는 아버지의 비참한 심정은 쉽게 헤
아리기 어려울 정도일 테죠.

어린 아들은 조선에 남겨두고 떠난다면, 청나라로 가는 볼모 일
행은 그 수가 적었을까요? 그렇지 않았습니다. 소현세자와 그의
아내 세자빈 강씨를 중심으로 세자의 동생인 봉림대군 부부가 함
께했고, 인질이 된 조선 신하들의 자식들, 거기에 그들을 수행할
인원까지 무려 500여 명에 달했다고 합니다.

1637년 2월, 소현세자는 수많은 사람을 이끌고 조선 땅을 떠납
니다. 인조는 소현세자 일행을 배웅하면서 그들을 인솔하는 청나
라 구왕九王에게 말했습니다.

> "자식들이 깊은 궁궐에서만 나고 자랐는데, 지금 듣건대 여러 날 동
> 안 노숙露宿하여 질병이 벌써 생겼다 합니다. 가는 동안에 온돌방에
> 서 잠을 잘 수 있게 하면 다행이겠습니다."
>
> 《인조실록》 34권, 15년(1637) 2월 8일

남한산성에 피신하는 동안 몸이 상한 자식을 걱정하는 아버지의 마음이 담긴 말이었습니다. 언제 다시 볼 수 있을지 모르는 아들에게는 이렇게 말했지요.

"힘쓰도록 하라. 지나치게 화를 내지도 말고 가볍게 보이지도 말라."

매사에 신중하게 행동해, 청나라에 가서도 세자로서의 본분을 잊지 말라는 뜻이었습니다. 인조가 눈물을 흘리며 말을 마치자 신하들도 통곡했습니다. 소현세자는 자신의 옷까지 당기며 우는 신하들을 다독였습니다.

"주상이 여기 계시는데 어찌 감히 이렇게들 하는가."

소현세자는 의연한 모습으로 말에 올라탔습니다.

그런데 소현세자 일행만 청나라로 떠난 것이 아닙니다. 어마어마한 숫자의 인질들 또한 청나라로 가야 했지요. 그들은 호란 이후 포로가 된 조선인들이었습니다.

"정축년(1637년) 2월 15일에 한강을 건널 때 포로로 잡힌 인구가 무려 50여만 명이었다."

《지천집》 17권

인조 때 영의정을 지낸 최명길이란 인물이 저서 《지천집》에 기록한 바에 따르면 청나라 군사들이 중국으로 돌아갈 때 포로로 끌고 간 조선인들은 50여만 명에 이르렀습니다. 현재 기준으로 웬만한 대도시의 인구수이니 엄청난 숫자입니다. 이 숫자가 정확하다고 볼 수는 없겠지만, 이렇게 추정할 만큼 많은 사람들이 끌려갔다는 사실만은 분명합니다.

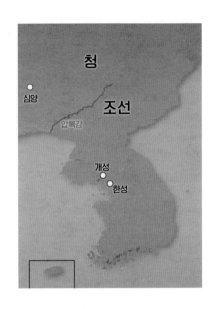

17세기 조선과 청

소현세자 일행이 향한 곳은 청나라의 수도인 심양이었습니다. 17세기 조선과 중국을 표시한 지도를 보면 한성에서 심양까지 가는 길이 얼마나 멀었는지 짐작할 수 있습니다. 직선거리로만 약 550킬로미터에 달하는 곳이었습니다. 하루에 10킬로미터씩 이동한다고 해도 두 달 가까이 걸리는 멀고 먼 길이었지요. 소현세자 일행은 북쪽으로 가서 압록강을 건너고 요동을 지나야 했습니다.

"산길이 험한 데다 높은 고개가 층층이 겹쳐 사람과 말이 열 번 엎어지고 아홉 번 거꾸러질 정도로 온갖 고생을 겪었다."

《심양일기》, 1637년 2월 17일

심양일기 소현세자 일행이 청에 거주하면서 겪은 일을 기록한 일기. 다른 일기와 마찬가지로 날짜순으로 날씨, 서연을 비롯한 일상의 동정, 본국과의 연락, 수행한 신하들의 사정 등을 정리했다. 서울대학교 규장각한국학연구원 제공.

　세자시강원에서 세자의 볼모 생활을 기록해놓은《심양일기》를 보면 심양으로 향하는 여정이 얼마나 고됐는지 알 수 있습니다. 게다가 북쪽으로 갈수록 산세는 험해졌지요. 조선의 왕족들과 사대부의 아들들, 그들의 뒤를 따르는 수행원들은 청나라의 훈련된 군사들을 따라가기가 어려웠습니다. 특히 궁 안에서만 지낸 세자에게는 너무나 힘든 강행군이었을 것입니다.

　날씨마저 소현세자 일행을 괴롭혔습니다. 아직 날이 추운 2월, 북쪽으로 갈수록 기온은 떨어지기만 했습니다. 특별한 방한용품도 없었던 시대인 만큼 사람들은 추위에 속수무책이었지요. 인조는 아들들을 온돌방에 재워달라고 간청했지만, 세자 일행은 들판이나 냇가에서 노숙을 해야 했습니다.

　이런 식으로 이동을 하다 보니 소현세자의 몸에 문제가 생기고 말았습니다. 소현세자와 신하들이 조선으로 보낸 보고서라 할 수 있는《심양장계》에는 세자가 감기 기운이 있어 약을 올렸다는 내용이 있습니다. 날씨가 차고 야외에서 머물 때가 많아 염려된다는 내용도 있지요. 피란길 이후 제대로 몸을 추스르지도 못하고 청나라로 향했으니 병이 드는 것도 당연한 일이었습니다.

하지만 추위와 노숙보다 소현세자 일행을 더 힘겹게 한 것이 있으니, 그들의 눈앞에 펼쳐진 참혹한 광경이었습니다. 청나라 군사들은 포로가 되어 끌려가는 조선 백성들에게 걸핏하면 채찍을 휘둘렀고, 백성들의 몸은 피와 살이 엉겨 붙은 상처로 가득했습니다. 이뿐만이 아닙니다. 청군은 행군로에 있는 마을이란 마을은 빠짐없이 약탈했습니다. 민가의 재산과 식량을 몽땅 털어 갔던 것이지요. 그들은 심지어 전쟁을 피해 숨은 조선인들을 끌어내 머리를 깎은 뒤 포로로 삼았습니다.

소현세자는 일행을 인솔하는 이에게 군사들의 약탈을 멈춰달라고 간청했습니다. 그러나 인질로 끌려가는 세자에게는 아무런 힘이 없었고, 그의 말을 들어주는 사람 또한 없었습니다. 소현세자의 괴로움은 말로 다할 수 없었을 것입니다. 자신이 끌려가는 것도 괴롭지만, 백성들의 고난을 지켜보는 것은 더욱 괴로웠겠지요.

심양관에 입주한 조선 사람들

육체적으로나 정신적으로나 힘든 시간을 보낸 소현세자 일행. 그들은 한성을 떠난 지 60여 일 만인 4월 10일, 드디어 청나라 심양에 도착했습니다.

조선에서 청나라 지도를 참고해 제작한 〈성경여지전도〉에는 심양 도성 내 주요 관청을 그려놓은 부분이 있습니다. 바깥으로 크게 둘러진 것이 외성, 안쪽에 있는 것이 내성이지요. 중앙에는 청나라 황제 홍타이지가 사는 황궁이 있습니다. 우측 아래에는 덕성문이 있고, 그 주변으로 관청들이 모여 있지요.

기록에 따르면 청나라는 덕성문 근처에 소현세자 일행이 머물 곳을 지어주었습니다. 정식 명칭은 '심양관瀋陽館'이었는데 '심관' 혹은 '고려관'으로 불리기도 했다고 합니다. 지도를 보면 황궁에서 심양관까지의 거리가 멀지 않음을 알 수 있습니다. 왜 황궁 가까운 곳에 심양관을 지은 것일까요? 이는 조선 세자 일행을 감시하기 위한 조치였습니다. 소현세자의 숙소는 창살 없는 감옥이나 다름없었던 것입니다.

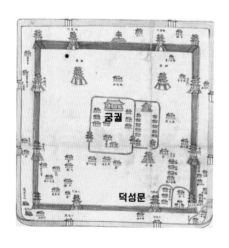

성경여지전도

심양관의 또 다른 문제는 지나치게 협소했다는 점입니다. 현재 건물은 남아 있지 않지만, 기록에 의하면 모두 18칸의 방이 있었다고 합니다. 업무 공간과 세자 부부의 방을 제외하고 나면 사용할 수 있는 방은 고작 10개에서 13개 정도였습니다. 500여 명에 달하는 사람들이 그 방들을 나눠서 썼으니 얼마나 비좁았겠습니까.

> "관소가 좁고 낮아 습하며 더러운 냄새가 나고 무더워서 숨이 막힙니다. 대소 인원들이 병나지 않은 이가 없으며 요사이 더욱 심합니다."
>
> 《심양장계》, 1638년 6월 21일

소현세자 일행이 심양에 도착하고 두 달쯤 지났을 때의 기록을 보면 그들의 주거 환경이 얼마나 열악했는지 알 수 있습니다. 수백 명이 관소에 다닥다닥 붙어 생활하는데 여름이 오니 습기와 더위, 악취가 심했을 것입니다. 위생 관리도 제대로 되지 않았겠지요. 심양관 사람들은 이런저런 병에 걸리기 일쑤였고, 때때로 전염병이 돌았다는 기록도 있습니다.

더 충격적인 것은 청나라가 세자와 왕자를 끌고 와놓고는 제대로 대접을 해주지 않았다는 것입니다. 소현세자 일행은 기본적인 먹을거리와 몇 가지 생필품만 겨우 제공받았던 것으로 보입니다. 명나라와 계속 전쟁 중이던 청나라는 극심한 흉년까지 들어 제대로 지원해주지 않았습니다. 조선의 평안도에서 '삭선'이란 명목으로 물품이 오기는 했지만 많은 양은 아니었지요. 삭선은 매달 각 지방에서 나는 산물로 임금님께 차려 바치는 음식을 뜻합니다. 조선 역시 전쟁 복구로 정신이 없어 무엇이든 넉넉하게 보내줄 수 없는 형편이었던 것입니다.

막막한 생활 속에서도 소현세자는 세자로서의 의무를 게을리하지 않았습니다. 왕이 되기 위한 공부를 이어갔고, 날짜에 맞춰 문안 인사도 했지요. 아버지인 인조를 직접 만날 수 없음에도 보름에 한 번씩 조선 궁궐 쪽으로 절을 했습니다. 멀리 떨어져 있는 와중에도 아버지와 나라를 그리는 마음은 잊지 않았던 것입니다.

수모와 고난의 연속
세자의 심양 생활

심양관 생활을 시작한 지 두 달 정도가 됐을 무렵, 청나라 황제가 이른 아침부터 다급하게 소현세자를 불렀습니다. 소현세자는 헐레벌떡 황궁으로 갔지요. 황제는 왕들이 모인 앞에서 소현세자에게 차를 따라주었습니다. 청나라 사람들 틈에 끼어 차를 마신 소현세자는 황제의 말을 기다렸습니다.

"자, 이제 다들 돌아가시오."

황당하게도 황제의 말은 이것이 전부였습니다. 특별한 이유 없이 소현세자를 부른 것이죠. 차만 주고 돌려보내는 수모는 시작에 불과했습니다. 하루는 황궁에서 갑자기 사람이 나와 심양관으로

들이닥치더니 이렇게 통보했습니다.

"며칠 후에 황제가 사냥을 가시니 세자도 가야 합니다."

황제가 사냥을 가면 길게는 20일씩 걸리기도 했는데, 이런 먼 길에 동행하라는 것이었습니다. 황제의 곁에서 비위를 맞추라는 뜻이었죠.

사냥뿐 아니라 활쏘기, 공차기, 낚시, 씨름 등의 놀이는 물론, 황실의 각종 연회, 결혼식, 생일, 제사, 장례 등 무슨 일만 있으면 황제는 소현세자를 불러댔습니다. 황제의 1분 대기조라고나 할까요? 게다가 매달 5일과 15일, 20일에는 황제에게 꼭 문안 인사를 해야 했다고 합니다.

청나라 사람과 말도 안 통하는 와중에 황제를 이리저리 쫓아다녀야 하니 소현세자는 여러모로 괴로웠을 것입니다. 반면 청나라 황제에게 조선의 세자는 전리품이나 다름없었습니다. 황제는 조선과의 전쟁에서 이겨 세자를 획득했다고 여겼기 때문에 세력을 과시하려 세자를 동원한 것이죠.

그 많은 요구들 끝에 소현세자는 서행西行에 동행하라는 충격적인 통보까지 받았습니다. 서행이란 황제가 서쪽으로 가는 것으로 명나라와의 전쟁에 나가는 일을 뜻했지요. 즉 소현세자에게 전쟁터에 동행할 것을 요구한 것입니다.

목숨을 걸어야 하는 일이었으니 특히 피하고 싶은 것이었으나 당시 상황이 그러기 쉽지 않았습니다. 소현세자가 인질로 잡혀 있

심양고궁 숭정전 심양고궁 내에 있는 정전으로 주요 정사를 논하던 곳이다. 심양에서 볼모 생활을 하던 소현세자는 매월 1~2차례씩 고궁에서 황제가 베푸는 각종 행사에 참여했다.

을 무렵, 청나라는 명나라를 무너뜨리기 위해 애를 쓰고 있었습니다. 청 황제는 그 전쟁터에 소현세자와 봉림대군을 끌고 가려 했지요. 소현세자 일행이 심양에 도착하고 1년이 지난 뒤부터 시작된 요구였습니다.

　신하들은 세자의 서행을 적극적으로 막았습니다. 세자가 말을 잘 타지 못하고 몸도 약하니 서행에서 빼달라고 간곡하게 요청했지요. 신하들의 간청으로 처음 몇 번은 봉림대군만 전쟁터에 나갔습니다. 하지만 황제의 말을 계속 거스를 수는 없는 노릇이었고, 결국 소현세자도 명나라와의 전쟁에 참여했지요. 그렇게 나간 전투에서 소현세자는 큰 위기를 맞습니다. 포탄에 맞아 목숨을 잃을 뻔한 것입니다. 황제에게 불려 다니고 전쟁터에까지 따라다녀야 하니 피로와 스트레스는 어마어마했을 것입니다.

청나라 장수들이 세자를 찾아온 이유

그런데 이 밖에도 소현세자를 끈질기게 괴롭히는 문제가 또 있었으니, 조선이 청나라에 병사와 군수물자를 지원하는 문제였습니다. 황제의 칙서에도 등장했던 요구사항이었지요.

"조선은 아직 명나라의 편을 들고 있는가? 왜 청나라를 도울 군사를 보내지 않는 것인가!"

청나라 장수들은 틈만 나면 소현세자를 찾아와 명나라를 공격하는 데 필요한 것들을 보내라고 독촉하며 윽박질렀습니다. 심지어 한 관리는 소현세자를 협박하기까지 했습니다. 아랫사람들이 보는 앞에서 오랑캐라고 무시하던 청나라 관리에게 닦달을 당했으니 소현세자의 심정은 말이 아니었을 것입니다. 더욱 괴로운 점은 그들을 달래는 것 말고는 할 수 있는 일이 없다는 것이었습니다. "전쟁 후여서 군사를 모으기 쉽지 않습니다. 기다려주시지요" 또는 "조선에 알렸으니 답이 올 것입니다"라는 답밖에 할 수 없었지요.

청나라는 소현세자가 현안들을 해결해주길 바랐지만, 왕의 허락도 없이 세자가 마음대로 결정할 수 있는 사항이 있을 리 없지요. 더군다나 파병 문제는 그렇게 간단한 것이 아닙니다. 소현세자로서는 청나라 사람들을 달래고 청나라의 요구를 조선에 빠짐없이 전달하는 것이 최선이었습니다.

결국, 청나라에 도착한 이후 크고 작은 병을 달고 살았던 소현세자는 스트레스와 압박감으로 심양 생활 1년 만에 사경을 헤맬 만큼 크게 앓습니다. 생각해보면, 한 나라의 세자이자 인질로 책임은 있으나 자율은 없는 상황이니 당연한 것 아닐까요? 열이 오르락내리락하면서 배가 아프고 설사 때문에 잠도 제대로 못 자는 상황이 무려 한 달가량 이어졌다고 합니다. 얼른 조치를 취해야 했지만, 약이나 적절한 치료도 기대할 수 없는 것이 당시 심양관의 현실이었습니다. 조선에 요청해서 부랴부랴 약을 받은 뒤에도 소현세자의 건강은 완전히 회복되지 않았습니다. 몸이 마비되기도 했고 열이 나거나 토하는 일도 잦았지요. 겨우 나은 것 같으면 다시 병에 걸리는 등 악순환이 계속됐습니다.

소현세자의 아내 세자빈 강씨 역시 자주 아팠습니다. 환경이 열악하니 몸이 상할 수밖에 없었지요. 심양관에서 생활하는 일은 모두에게 고된 것이었고, 특히 그들을 이끌어야 하는 소현세자는 심신의 건강을 지키기가 어려웠습니다. 아픈 와중에도 청나라의 갖

가지 요구는 계속되었고, 오라면 오고 가라면 가는 비참한 생활이
이어졌습니다.

울부짖는
조선인 포로들

　그럼 소현세자 일행과 함께 청나라로 끌려온 조선인 포로들의
삶은 어땠을까요? 세자의 삶이 이 정도인데 포로들의 생활은 얼마
나 열악했을지 짐작할 만합니다. 그들의 삶은 이루 말할 수 없이
처참했습니다. 청나라 사람들은 끌고 온 포로들을 성문 밖 한곳에
모아놓았는데, 그곳에서는 울음소리가 그치지 않았다고 합니다.

　　"어머니와 아들이 상봉하고, 혹은 형제가 서로 만나 부여잡고 울부
　　짖으니 곡소리가 천지를 진동하였다."

　　　　　　　　　　　　　　　　　　　　　《심양일기》, 1637년 5월 17일

　한데 모인 포로의 수는 수만 명에 달했습니다. 가족이나 이웃의
생사를 알 길도 없이 난리 통에 끌려온 조선인들이 그곳에서 헤어
졌던 가족들을 다시 만나 서로 끌어안고 통곡했지요.
　조선인 포로들이 모여 있던 곳은 속환시장贖還市場이었습니다.

'속'이라는 글자에는 '죄를 면하기 위해 돈을 바친다'는 뜻이 있고, '환'은 돌아온다는 의미입니다. 즉, 속환시장은 돈을 내면 포로를 데려갈 수 있도록 만든 곳이었습니다. 가족들이 돈을 지불하거나 조선에서 값을 치르면 포로들은 자유의 몸이 되어 고국으로 돌아갈 수 있었습니다. 여기서 풀려나지 못하면 청나라에서 노예로 살아야 했지요.

조선인 포로들의 몰골은 차마 눈 뜨고 볼 수 없을 정도였습니다. 피골이 상접하고 여기저기 상처가 있는 것을 물론, 코나 귀가 잘리거나 발꿈치가 잘린 이들도 있었습니다. 도망치다가 붙잡혀 청나라 사람들에게 끔찍한 형벌을 당한 것입니다. 청나라 사람들은 도망치다 죽은 포로들을 다른 사람들 앞에 전시하기까지 했습니다.

속환시장은 심양의 남문 쪽에 있었습니다. 심양관은 동남쪽에 있었으니 그다지 멀지 않았을 것입니다. 조선인 포로시장에서 터져 나오는 '천지를 진동하는 곡소리'를 소현세자 또한 날마다 들었을 것입니다.

조선의 백성들이 울부짖고 고통받는 모습을 더 이상 지켜볼 수 없었던 소현세자는 비장의 카드를 꺼냈습니다. 직접 조선인 포로들을 하나둘씩 속환하기 시작한 것입니다. 한 명이라도 더 고국으로 돌려보내기 위해 노력했지만, 심양관의 형편은 넉넉하지 않았습니다. 없는 돈을 긁어모아도 구할 수 있는 포로의 숫자는 한정적이었습니다.

병자호란이 끝나고 난 뒤, 포로들을 속환하는 문제는 당시 조정의 큰 현안이었다고 합니다. 청나라는 소현세자를 통해 조선에 포로 속환 방식과 시기 등을 전달했고, 속환이 공식화되자 조선에서는 돈을 지불하고 백성들을 데려갔지요. 하지만 시간이 흐를수록 속환금은 20냥에서 1500냥까지 천정부지로 올랐고, 부담을 느낀 조정은 손을 놓아버렸습니다. 조선으로 돌아가지 못한 포로들은 다시 노예로 팔려 가는 등 비참한 삶을 살 수밖에 없었습니다.

생활고 해결을 위해
장사를 시작한 세자 부부

이런 상황에서 소현세자에게 가장 필요한 것은 다름 아닌 돈이었습니다. 심양관에 머물고 있는 사람들이 먹고살 돈, 조선인 포로를 고국에 돌려보내는 데 드는 돈이 항상 부족했기 때문입니다. 조선에 사정을 얘기하기도 했지만, 전쟁으로 폐허가 된 나라를 복구하느라 힘든 아버지에게 계속 요청할 수도 없었습니다. 오죽했으면 당시 돈을 마련하기 위해 사채를 썼다는 기록까지 있을 정도입니다.

소현세자의 고민이 극에 달했던 그때, 누군가가 세자 부부에게 은밀한 요청을 했습니다.

"믿을 만한 측근을 시켜 몰래 은 500냥을 보내서 200냥으로는 호피, 수달피, 청서피, 꿀, 잣 등의 물품을 사고 300냥으로는 무명을 사 달라고 했습니다."

《심양장계》, 1639년 8월 23일

한 청나라 사람이 조선 물건을 좀 구해달라고 소현세자에게 부탁한 것입니다. 그는 청 황제 홍타이지의 동생, 팔왕八王 아지거였습니다. 팔왕은 큰돈을 보내면서 시간이 걸려도 좋으니 부탁한 물건을 꼭 구해달라고 했습니다. 소현세자는 조선에 돈을 보내며 팔왕이 부탁했던 물건을 요청했고, 조선에서 보내온 물건을 팔왕에게 전달했지요.

당시 청나라는 물자가 귀했습니다. 돈이 있어도 살 만한 질 좋은 물건이 별로 없었지요. 이 사실을 깨달은 세자빈 강씨는 세자의 고민을 해결할 아이디어를 냈습니다. 우수한 품질의 조선 물건들을 들여와 청나라 부자들에게 판다면 돈을 벌 수 있겠다고 생각한 것입니다.

소현세자 부부는 지긋지긋한 돈 문제를 해결하기 위해 조선 역사상 전무후무한 일을 벌입니다. 그것은 바로 밀무역이었습니다. 조선과 연계해 물건을 구해주고 중간 수수료를 챙기는 형식으로 장사를 시작한 것이지요.

이게 왜 대단한 일일까요? 당시 조선에서 장사는 평민들이나 하는 일이었기 때문입니다. 높은 신분을 가진 사람, 더군다나 왕세자가 장사를 한다는 것은 당시 사람들이 보기에 말도 안 되는 일이었습니다. 하지만 당장 청나라에서 먹고살아야 했던 세자 부부는 신분이나 체면을 따질 겨를이 없었습니다. 살아가기 위해서는 어떻게든 돈을 마련해야 했으니까요.

세자 부부는 청나라 왕족, 관리 등과 거래를 했습니다. 그들이 원하는 물건은 주로 조선의 면포, 모피, 표범 가죽, 담배 등이었습니다. 특히 인기가 있었던 것은 달콤한 과일들로 그중에서도 홍시와 배가 큰 인기였다고 합니다. 종이를 구해달라는 요청도 빗발쳤습니다. 당시 조선은 제지술이 뛰어나 조선산 종이가 명품 취급을 받았기 때문입니다. 세자 부부는 이런 물건들을 점점 더 많이 들여와 팔았고, 이 덕분에 쪼들리던 생활도 어느 정도 안정을 찾아갔습니다. 세자 부부는 물론이고 심양관에 돈이 돌면서 심양관의 사정도 한결 나아졌지요.

3년 만에 재회한
아버지와 아들

소현세자 일행의 심양 생활이 3년 차에 접어들던 무렵, 조선에서 청천벽력 같은 이야기가 들려옵니다. 인조가 아프다는 소식이었습니다.

타국 땅에서도 꼬박꼬박 문안 인사를 올릴 만큼 효심이 깊었던 소현세자는 당장 청나라 황제를 찾아가 조선에 보내달라고 부탁했습니다. 황제는 세자의 조선행을 허락했지만, 그동안 세자의 아들인 원손을 청나라에 인질로 보내라는 조건을 걸었습니다.

청나라로 떠날 때 2살이었던 원손은 이제 고작 5살이었습니다. 칼바람을 맞으면서 갖은 고생을 하며 왔던 그 길을 어린 아들이 와야 한다니 얼마나 가슴이 아팠을까요? 그렇다고 해서 아픈 아버지를 외면할 수도 없었기에, 결국 소현세자는 눈물을 머금고 조선행을 택합니다. 청나라로 끌려온 지 3년 만의 일이었습니다.

긴 여정을 거쳐 그리웠던 조선 땅을 밟은 소현세자는 곧장 궁으로 향합니다. 그리고 아버지를 보자마자 엎드려 눈물을 펑펑 쏟았습니다. 인조 역시 소현세자의 얼굴을 어루만지며 울었습니다. 타국에 볼모로 끌려간 아들을 3년이라는 긴 시간이 흐른 뒤에 만났으니 말할 수 없이 애틋했겠지요. 옆에서 부자의 상봉을 지켜본 신하들 역시 눈물을 흘렸다고 합니다.

그러나 소현세자가 조선에 머물 수 있는 시간은 떠나 있던 시간에 비해 너무도 짧았습니다. 한 달도 채 지나지 않아 다시 돌아가야 했지요.

다시 심양으로 끌려가는 길, 소현세자의 심경은 참담했을 것입니다. 아버지와 자식을 마음대로 볼 수 없는 상황이 서글펐겠지요.

뒤숭숭한 마음으로 청나라에 돌아온 소현세자는 다시 고생스런 심양관 생활을 이어갔습니다.

농사짓는 세자 자급자족하는 심양관

심양관 생활 5년째인 1641년, 소현세자에게 또다시 기막힌 소식이 날아듭니다. 청나라 관리가 찾아와 심양관에 더는 식량을 제공하지 못하겠다고 말한 것이었습니다.

"이제부터 심양관에서 직접 농사를 지어 먹고사시오."

돈 문제로 한참 속을 썩었던 심양관 사람들은 이제 생존의 위기에 맞닥뜨리게 되었습니다. 인질로 잡아와 놓고는 먹을 것도 주지 않겠다니 정말 어처구니없는 노릇입니다. 이어지는 말은 더욱 가관이었습니다.

"다른 나라는 1년이 되기 전에 경작하게 하는데, 조선은 5년이 되어서야 경작하게 하니 후하게 대접한 겁니다."

알아서 식량을 조달하라는 통보만으로도 부족해 조선을 신경 써줬다는 생색까지 낸 것이지요. 이제 소현세자 부부는 장사에 이어 농사까지 지어야 하는 상황이 되었습니다.

청나라는 몇 군데의 땅을 소현세자에게 주었습니다. 도합 200만평에 달하는 어마어마한 넓이였지요. 그런데 문제는 이 땅들이 하나같이 척박했다는 것입니다. 농사가 가능할지 의심스러울 정도였지요. 심양관 사람들은 청나라에서 준 땅을 보고 경악했습니다. 땅은 척박하고, 농부는 없고, 기후마저 조선과 다르니 막막하기만 한 상황이었습니다.

그런데 이번에도 세자빈 강씨가 해결책을 찾았습니다. 농장 경영에 대한 아이디어를 낸 것이죠. 먼저 그들에게 필요한 것은 일꾼이었습니다. 청나라에 조선의 농법을 아는 일꾼들이 있었으니, 바로 조선인 포로들이었습니다. 포로 대부분이 농사를 짓던 백성들인 만큼, 그들을 속환해 농사에 동원하면 된다는 생각을 한 것이지요. 세자빈은 심양관에 있던 돈과 밀무역으로 번 돈으로 많은 포로들을 구출해 데려왔습니다.

일꾼들이 생겼으니 그다음에는 농장 전체를 관리할 사람이 필요했습니다. 심양관에서는 조선 조정에 농사 전문가를 요청했고, 곧 조선에서 몇 사람이 청나라에 도착했지요. 이들은 농장에 농사 감독관으로 배치되었습니다.

또한 농사짓는 사람들의 사기를 돋우기 위해 일종의 성과급 제도를 도입했습니다. 농장별로 수확량을 책정해 그 양에 따라 차등 보상하는 방법으로 노동 의욕을 높인 것입니다.

이듬해인 1642년, 이처럼 체계적으로 농사를 짓기 시작한 심양관의 첫 농사 결과는 어땠을까요? 3,300석이 넘는 곡식을 수확합니다. 척박하기 그지없는 땅을 갈아서 이 정도의 성과를 낸 것은 대단한 일이었습니다. 심양관 사람들이 1년 동안 먹고살기에는 조금 부족한 양이었지만, 첫 수확치고는 아주 만족할 만한 결과였지요.

그리고 그다음 해에는 더욱 놀라운 일이 벌어졌습니다. 수확량이 첫해의 2배 가까이 늘어난 것입니다. 심양관 사람들은 쌀 5천여 석을 포함해 각종 곡식을 거두었고, 옷을 만들 수 있는 목화까지 수확했습니다. 불과 2년 만에 일궈낸 기적이었습니다.

해마다 늘어나는 수확량 덕분에 심양관 생활은 풍족해졌습니다. 다들 배불리 먹고도 창고에 곡식이 쌓였지요. 이쯤 되면 아이디어 뱅크라고 할 만한 세자빈 강씨도 만족하지 않았을까요? 그런데 세자빈 강씨는 이 곡식을 보고 또 한 번 놀라운 생각을 해냅니다.

> "포로로 잡혀간 조선 사람들을 모집하여 둔전을 경작해서 곡식을 쌓아두고는 그것으로 진기한 물품과 무역을 하느라 관소의 문이 마치 시장 같았다."
>
> 《인조실록》 46권, 23년(1645) 6월 27일

바로 심양관 앞에 장터를 만든 것입니다. 세자 부부는 심양관에서 먹고 남은 곡식과 농작물을 청나라 사람들에게 비싸게 팔았습니다. 조선 농법으로 지은 질 좋은 곡식들은 인기가 무척 많았던 모양입니다. 청나라 사람들은 온갖 진귀한 물건을 가지고 와서 곡

식과 교환했고, 세자 부부 또한 조선에서 들여온 인삼과 다양한 물품을 팔았습니다. 심양관 앞은 조선 물건을 구하러 온 청나라 사람들로 문전성시를 이루었습니다.

그렇게 벌어들인 돈은 어디에 썼을까요? 세자 부부는 꾸준히 조선인 포로를 사들였습니다. 그들에게 농사를 돕게 하고, 시간이 지나면 조선으로 보냈지요. 세자와 세자빈의 수완은 조선인 포로들을 구하는 원동력이 되었습니다. 이렇게 구한 포로들이 수백 명에 달했다고 전해집니다.

장사와 농사 활동을 하다 보니 소현세자는 청나라 지배층 사이에서 유명인사가 되었습니다. 자연스레 그들과 친분을 맺게 되었지요. 그들에게 청나라의 정치 상황을 전해 듣고 조선에 전달하는 역할을 하기도 했습니다.

아들을 의심하기 시작한 인조

심양관 사람들이 청나라에서 생활한 지 어느덧 7년, 이번에는 세자 부부가 함께 조선에 가게 되었습니다. 세자빈의 아버지가 돌아가셨는데, 뒤늦게나마 빈소에 인사를 올리기 위함이었습니다. 세자 부부는 먼저 인조를 만난 뒤 빈소에 갈 계획이었습니다.

그런데 조선에 도착한 세자 부부에게 이해할 수 없는 명령이 떨어집니다. 세자빈이 친정에 가는 것도, 아버지의 무덤에서 곡을 하는 것도 허락할 수 없다는 것이었습니다. 조선에서 세자 부부에게 이런 명령을 내릴 수 있는 사람은 유일하지요. 그렇습니다. 바로 왕인 인조였습니다.

이상한 점은 이뿐만이 아니었습니다. 소현세자가 4년 만에 다시 조선에 왔음에도 인조는 마중도 배웅도 하지 않았습니다. 아들을 애틋하게 여겼던 모습은 온데간데없었지요.

인조는 소현세자가 청나라에서 장사하고 농사짓는 일을 좋게 보지 않았던 것 같습니다. 특히 세자가 청나라 사람들과 가까워지는 것을 굉장히 경계했고요. 인조는 청나라에서 신뢰를 얻고 있는 소현세자가 왕이 되는 것은 아닐까 걱정하기 시작했습니다.

실제로 청나라 조정에서는 인조를 폐위하고 소현세자를 국왕으로 세워야 한다는 이야기까지 흘러나왔습니다. 이 사실을 안 인조로서는 불안할 수밖에 없었지요. 왕위를 빼앗길까 두려워하다가 아들에 대한 의심이 싹튼 것입니다.

갖은 고생을 하다가 고국에 왔는데 인조의 냉대만 받은 소현세자 부부. 청나라로 돌아가는 두 사람의 발걸음은 한없이 무거웠습니다.

중국을 통일한 청나라
세자, 명의 몰락을 목격하다

착잡한 심정으로 청나라에 돌아온 소현세자는 심란한 마음을 다스리기도 전에 또 전쟁에 참여하라는 통보를 받습니다. 거절할 수 없었던 소현세자는 도르곤을 따라 전쟁터로 갔습니다. 홍타이지의 이복동생인 도르곤은 당시 청나라 최고의 권력자였습니다. 홍타이지가 사망한 뒤 어린 왕 대신 섭정을 하고 있었지요.

전쟁에 참여한 소현세자는 1644년 5월, 세계사의 흐름이 바뀌는 엄청난 사건을 목격하게 됩니다. 청나라가 명나라를 무너뜨리고 중국을 통일하는 장면이었죠. 당시 명나라의 수도였던 베이징은 이미 반란군에게 점령당한 상태였는데, 청나라는 베이징에 입성해 반란군을 물리치고 명나라의 수도를 점령합니다. 청나라가 명실상부 중국 최강자가 된 것이었습니다.

조선이 전쟁을 하면서까지 충성했던 명나라가 멸망하는 모습은 소현세자에게 큰 충격을 주었을 것입니다. 소현세자 역시 명에 대한 의리를 완전히 저버리지는 못했을 테니까요. 실제로 세자는 청나라가 명과의 전쟁에서 획득한 전리품을 보여주는 자리에도 참석을 거부했습니다. 하지만 명나라는 무너졌고 조선에 치욕을 안긴 오랑캐가 승리를 거머쥔 것이 현실이었습니다.

이 전쟁에 참여한 일은 소현세자가 급변하는 국제 정세를 직접 보고 체험한 중요한 사건이었습니다. 이후 소현세자는 청나라에 수입된 다양한 서양 문물을 접하게 되었습니다. 실용적인 차원에서 조선에 적용시킬 수 있을 것이라 생각해 조선으로 가져가고 싶어 하기도 하죠.

심양관 사람들에게도 변화가 생겼습니다. 청나라 황제가 베이징의 자금성으로 거처를 옮기면서 소현세자 일행 또한 자금성에서 생활하게 된 것이지요. 물론 장소만 달라졌을 뿐, 청나라의 감시를 벗어나게 된 것은 아니었습니다.

9년 만의 귀국
환영받지 못한 세자 가족

그런데 얼마 지나지 않아 놀라운 소식이 전해집니다. 청나라 황제가 소현세자 일행에게 조선에 영구 귀국하라는 명령을 내린 것입니다. 청나라가 명나라를 무너뜨린 지 불과 6개월 만에 일어난 일이었습니다. 청나라는 명나라와 조선이 친하게 지내는 것을 견제하기 위해 소현세자를 볼모로 삼았었는데 명나라가 사라지자 조선의 볼모 또한 필요 없게 된 것이죠, 소현세자 일행은 자유의 몸이 되었습니다.

소현세자 일행은 짐을 싸서 귀국길에 올랐습니다. 청나라로 끌려온 지 9년 만에 고향으로 돌아가게 되었으니 모두들 얼마나 들 떴을까요? 소현세자 또한 부푼 가슴을 안고 자신이 살던 창덕궁으로 돌아왔습니다.

그런데 어찌 된 일일까요. 궁궐은 이상하리만치 조용했습니다. 세자가 9년 만에 돌아왔는데 어떤 환영식도 열리지 않았지요. 아들을 마주한 인조의 표정 역시 얼음장처럼 차가웠습니다. 인조는 세자의 귀환을 축하하는 교서를 발표하게 했을 뿐, 아들에게 축하의 말이나 위로의 말 한마디 건네지 않았습니다.

그리웠던 고향 땅, 그리고 아버지의 곁으로 돌아온 소현세자. 꿈만 같은 상황이었지만, 현실은 꿈꾸던 모습과 많이 달랐습니다. 그래서였을까요. 낯선 타국의 열악한 환경 속에서도 꿋꿋하게 버텼던 소현세자는 귀국한 지 불과 두 달 만에 쓰러지고 맙니다. 소현세자를 진맥한 의원은 '학질', 즉 말라리아라는 진단을 내렸습니다. 그로부터 겨우 사흘 뒤, 소현세자는 숨을 거두었습니다. 12살에 세자가 되고, 26살에 청나라에 끌려가 9년 동안 볼모 생활을 하고 돌아온 뒤 두 달 만에 사망한 소현세자. 그의 나이 34살이었습니다.

아들이 죽은 것을 안 아버지 인조는 어땠을까요? 인조는 아들의 무덤을 찾지 않았습니다. 그리고 소현세자가 사망한 지 5개월 만에 소현세자의 동생인 봉림대군을 세자 자리에 앉히지요. 신하들은 깜짝 놀라 들고 일어났습니다. 소현세자에게 10살이 된 아들이

고양 서삼릉 내 소경원 1645년 소현세자가 죽자 이곳에 안장하고 소현묘라 칭했으나 1870년에 소경원으로 개호했다. 문화재청 제공.

있음에도 인조가 적장자 승계 원칙을 무시했기 때문입니다. 신하들이 반대했지만 인조는 고집을 꺾지 않았습니다. 세손이 너무 어리다는 이유였습니다.

소현세자가 죽고 난 후, 세자빈 강씨 또한 엄청난 사건에 휘말립니다. 그녀가 인조의 전복구이에 독을 탔다는 것이었습니다. 왕을 죽이려 한 것이니 역모 사건이었지요. 인조는 당장 세자빈 강씨의 나인들을 잡아들여 심문했고, 며느리인 강씨는 별당에 가둬버렸습니다.

"저는 그럴 이유가 없습니다! 억울합니다!"

광명 영회원 소현세자의 부인 민회빈 강씨의 무덤이다. 사약을 받아 죽은 뒤 폐서인이 되어 서민으로 묻혔다. 숙종 44년(1718)에 복위되어 민회묘라 불리다가 고종 7년(1870)에 영회원으로 개칭되었다. 문화재청 제공.

세자빈 강씨는 울면서 하소연했지만, 인조는 며느리를 역적으로 몰고 폐위시킵니다. 그리고 바로 그날, 사약을 내리지요. 사실 이 독살 사건은 아무런 증거가 발견되지 않았습니다. 세자빈 강씨는 증거와 상관없이 사약을 받았고, 남편처럼 허무한 죽음을 맞았습니다.

소현세자 부부의 어린 아들들은 할아버지의 명령에 따라 제주도로 귀양을 갔습니다. 세 아들 중 둘은 귀양지에서 병을 얻어 일찍 죽고 말지요. 소현세자의 가족 중 살아남은 사람은 막내아들 하나뿐이었습니다.

소현세자는 두 차례의 전쟁을 겪고 청나라로 끌려가며 조선의 비극을 온몸으로 느꼈습니다. 갖은 고생을 하고 돌아왔지만, 아버지에게 따뜻한 말 한마디 듣지 못한 채 죽어야 했지요. 세자빈 강씨 또한 비참하게 역사에서 사라졌습니다.

우리는 그들의 삶을 통해 힘없는 나라의 설움이 얼마나 큰지, 그리고 그런 나라에서 권력을 나눌 수 없는 아버지와 아들의 관계가 얼마나 극단으로 치달을 수 있는지를 생각하게 됩니다. 안타깝고 쓸쓸한 시대의 비극이 되풀이되지 않도록 그들의 이야기를 오래도록 기억했으면 합니다.

5장

멀거멋은
조선 환관

김경수(청운대학교 교양학부 교수)

천민들은
왜 환관을 꿈꿨나

1553년, 경복궁에 어마어마한 화재가 일어나 궁궐이 불에 활활 타들어갔습니다. 궁 안은 아수라장이 되었고, 사람들은 발을 동동 구르며 허둥거렸습니다. 다급하게 움직이는 사람들의 손에는 물동이가 하나씩 들려 있었습니다.

경복궁의 중심은 국가의 중대한 의식을 치르는 근정전이라 할 수 있습니다. 그 뒤로 왕의 침실인 강녕전, 집무실인 사정전, 중전의 침실인 교태전 등의 건물들이 있지요. 불이 붙은 곳은 근정전 뒤쪽의 건물들이었습니다. 강녕전, 사정전, 교태전 등 주요 건물들이 몽땅 타들어갔고, 태조 때부터 내려온 보물과 왕실의 의복도 예외는 아니었습니다. 조선 제13대 왕 명종 8년 일어난 이 화재는

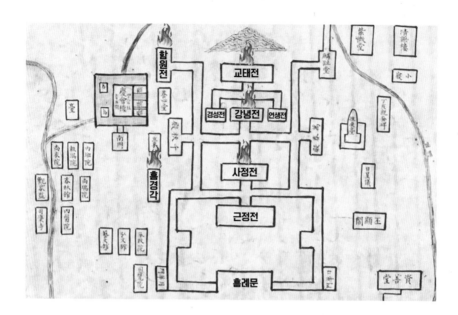

경복궁도 국립민속박물관 제공

1592년 임진왜란 이전에 경복궁에서 일어난 화재 중 가장 큰 규모였습니다.

당시에는 경복궁에 불을 내면 교수형이라는 무거운 형벌을 받았습니다. 그만큼 엄중한 일이었고, 화재와 조금이라도 연관이 있다 싶은 사람들은 빠짐없이 의금부로 끌려가 조사를 받아야 했지요. 경복궁에 불을 낸 자를 찾던 대신들은 얼마 후 왕 앞에 모여 화재의 책임자로 한 사람을 지목했습니다. 그의 이름은 박한종. 당시 '내간수리총감역관'으로 궁궐 수리의 총감독을 맡았던 사람이었습니다.

화재를 조사하던 의금부는 화재의 원인이 방화는 아니라고 결론 내렸습니다. 누가 일부러 불을 낸 것은 아니란 뜻이지요. 하지만 경복궁이 불탄 이상 불을 단속하지 못한 화재의 원인 제공자는 가려야만 했습니다. 의금부 조사가 계속 이어지던 중 한 하인이 이렇게 말했습니다.

"온돌방에 불을 많이 때라고 하셔서 땠는데, 너무 뜨거운 겁니다. 확인해보시라고 했지만 그냥 가셨어요."

하인의 걱정을 무시한 채 온돌의 온도를 확인하지 않은 사람이 바로, 대신들의 지목을 받은 박한종이었습니다. 그가 화재의 원흉이었던 것이죠.

대신들은 당장 박한종의 벼슬을 빼앗고 그를 궁궐에서 쫓아내야 한다고 주장했습니다. 온돌만 제때 확인했어도 화재가 일어나지 않았을 테니, 그 책임은 명백히 박한종에게 있다는 것이었습니다. 하지만 명종은 대신들의 말을 듣지 않았습니다. 화를 내며 책임자를 처벌해도 부족한 마당에 박한종을 감싸기만 했지요.

"한종은 나의 명을 받아 일했을 뿐이다. 윤허하지 않는다."

대신들의 계속되는 청에도 명종의 대답은 한결같았습니다. "윤허하지 않는다"는 말만 반복했을 뿐입니다.

명종이 대신들의 청을 물리칠 만큼 총애했던 박한종. 대체 어떤 자리에 있었길래 이렇게 왕의 비호를 받은 것일까요? 그는 다름 아닌 환관이었습니다. 환관이라고 하면 허리를 숙인 채 종종걸음으로 궁궐 안을 누비며 왕의 심부름을 도맡아 하는 모습을 떠올리게 되죠? 하지만 사실은 이와 다릅니다.

조선 시대에 환관은 단순히 왕 옆에서 시중만 들던 사람이 아니었습니다. 왕실의 수족으로 궁궐에서 꼭 필요한 존재이자, 최고 권력자인 왕을 가장 가까이에서 모시며 때때로 보이지 않는 권력의 중심에 서기도 했던 인물이었지요. 그러나 환관이 되기 위해서는 상상을 초월한 고통을 겪어야만 했고 때로는 목숨까지도 걸어야 했습니다.

조선 사람들이 죽을 각오를 하면서까지 환관이 되려 한 이유는 무엇이었을까요? 천민과 양인, 심지어 일부 양반까지도 꿈꿨던 조선 환관. 지금부터 그동안 잘 알려지지 않은 조선 환관의 이면을 벗겨보려 합니다.

왕의 남자, 환관
그들은 누구인가

우선 환관에 대해서 살펴볼까요? 환관宦官은 벼슬 '환' 자와 벼슬 '관' 자가 합쳐진 말입니다. 풀이하면 '벼슬을 하는 관리'라는 뜻이지만, 사실 이 말에는 한 가지 뜻이 더 숨어 있습니다. '환'에 '남성성을 상실했다'는 의미가 있기 때문입니다. 그러니까 환관은 '생식 기능이 제거되어 남성성을 상실하고 관직에 있는 사람'을 가리키는 말입니다.

조선 시대에는 환관을 내시라고 부르기도 했는데, 이는 내시와 환관을 구별하던 고려 시대와 다른 점입니다.

무신정변 이야기를 하면서 고려 시대 내시는 과거나 음서를 통해 선발된 문신이고, 귀족 자제들이 그 자리에 임명될 만큼 선망받는

내시진영도 한국민화뮤지엄 소장

직책이라고 말했습니다. 반면 고려 시대 환관은 궁궐 내 잡일을 담당하던 거세된 남성이었죠. 그런데 조선 건국 후에 환관이 내시직을 맡으면서 환관과 내시라는 말이 혼용되기 시작합니다. 조선 성종 이후에는 완전히 같은 의미가 되었지요.

환관은 왕을 비롯한 왕실 사람들 옆에서 시중을 들며 궁녀들이 하기 힘든 일을 했을 뿐만 아니라, 왕과 신하 사이에서 나랏일을 돕기도 했습니다. 이런 일을 군이 환관에게 맡긴 이유는 궁궐이라는 장소의 특수성 때문이었습니다. 왕의 여자들이 있는 곳이 바로

궁궐이었죠.

사실 환관은 아시아를 비롯해 이집트, 로마, 유럽, 아프리카에도 있었습니다. 우리와 가까운 중국의 경우 기원전 1,300년부터 환관이 있었다는 기록이 발견되기도 했습니다. 우리나라 또한 신라 시대부터 환관에 대한 기록이 등장하지요. 이 나라들의 공통점은 바로 궁궐 안에 왕의 여자들이 무척 많았다는 것입니다.

전제군주국에서는 왕이 강력한 권한을 가지고 있습니다. 그들에게는 여러 여자를 거느리는 일부다처제가 허용되었고, 조선의 왕도 마찬가지였지요. 궁 안에는 왕후를 비롯해 여러 후궁들이 있었고, 궁에서 일하는 수많은 궁녀들 또한 왕의 여자들이었습니다. 그러다 보니 24시간 궁궐의 일을 돌보며 궁녀, 후궁 등 왕의 여자들과 자주 부딪혀도 왕이 안심할 수 있는 남자가 필요했습니다. 그들이 바로 남성성을 상실한 남성, 환관이었습니다. 결국 환관은 전제군주제의 특성에서 탄생한 직업인 것입니다.

환관의 조건
남성성의 상실

그렇다면 남성성이 없다는 말은 무엇을 뜻할까요? 이 말은 생식기능이 없다는 뜻입니다. 환관이 된 사람들은 뜻밖의 사고로 생식기능을 잃은 경우가 많았습니다. 어느 환관의 황당한 사연은 기록으로도 남아 있습니다.

어린 시절, 친구들과 놀던 그는 무엇을 잘못 먹었는지 배가 너무 아팠습니다. 발을 동동 구르던 그는 바지를 내리고 길 한구석에 앉아 용변을 보았습니다. 그런데 그 순간, 무언가가 그의 등 뒤로 다가왔고 그는 비명을 지르며 쓰러졌지요. 큰 개가 그의 생식기를 물어버린 것입니다! 아이가 앞으로 어떻게 살아야 할지 걱정하던 부모는 어린 아들을 궁으로 보냈습니다. 생식기능을 잃고 말았으니 환관이 되어 먹고살라는 의도였습니다.

> "모두 본국의 환관들로서 그 계통은 서민이 아니면 천한 노예였다.
> 국가에서는 부형腐刑을 사용하지 않았으나 어렸을 적에 개에게 물려
> 성기를 잃어버린 자들은 종종 있었다."
>
> 《고려사절요》 23권, 충선왕 2년(1310년) 9월

이처럼 예상치 못한 사고로 환관이 된 사람들의 사연은 고려에서 조선에 이르기까지 여러 문헌에 기록되어 전해지고 있습니다. 물론 모든 환관이 이런 사고를 당했던 것은 아니고, 태어날 때부터 생식기능이 미숙했던 아이들이 주로 환관의 길을 걷게 되었다고 합니다.

《경국대전》에 따르면 내시부 정원은 140명이었습니다. 하지만

궁궐이 넓고, 해야 할 일도 많다 보니 조선 후기에는 환관의 수가 400명가량으로 늘어났습니다. 이는 선천적 결함이나 우연한 사고로 남성성을 잃은 사람들만으로는 채울 수 없는 숫자였지요. 선천적 결함이 아니라면 어떻게 환관이 되어 궁에 들어갔을까요?

스스로 환관이 되겠다고 결심하는 이들이 생겨났습니다. 함흥의 한 노비는 산에서 나무를 하다가 화려한 행차를 보았지요. 붉은 비단옷을 입고 많은 하인을 거느린 채 지나간 주인공은 바로 환관이었습니다.

> "(그는) 즉시 집으로 돌아와 제 손으로 신腎을 도려내고 곧 내시 반
> 열에 적을 올렸던 자입니다."
>
> 《연려실기술》별집 제10권 환관

어린 노비는 그 모습을 보고 나도 저렇게 떵떵거리며 살고 싶다는 생각을 했나 봅니다. 그래서 스스로 거세를 하고 환관이 되었지요. 가난한 이들에게 환관은 부러움의 대상이기도 했던 것입니다.

《연려실기술》에 등장한 함흥 출신의 환관은 결국 쫓겨났습니다. 성종은 일부러 생식기능을 망가뜨린 일이 상서롭지 못하다며 그 환관을 쫓아내라고 명령했지요. 유교를 국시로 했던 조선에서는 부모로부터 받은 신체를 함부로 하지 않는 것을 효의 시작으로 여겼습니다. 그러니 자신의 몸을 스스로 훼손하는 것 역시 허용되

지 않았죠. 형벌에 있어서도 목을 매다는 교수형보다 목을 자르는 참형을 더욱 무겁게 여겼을 만큼 신체 훼손에 대한 거부감이 컸습니다.

하지만 환관이 되려는 이들은 줄어들지 않았습니다. 부모가 아이를 환관으로 만드려는 경우도 있었지요. 어느 가난한 부부는 아이를 낳자마자 근심에 빠졌습니다. 아이를 얻은 기쁨보다 입에 풀칠하기도 어려운 상황에 아이를 먹이고 입힐 막막함이 더 컸던 것입니다. 결국 그 부부는 아이를 환관으로 만들 생각에 직접 생식기능을 없앴습니다.

지금의 서울 영등포 샛강 쪽에는 이런 사람들을 상대로 영업하는 불법 시술소까지 생길 정도였습니다. 겉보기에는 다른 집과 다를 것이 없어 보였지만, 실은 인위적으로 거세를 하는 곳이었죠. 어떤 이는 제 발로, 어떤 이는 아이의 손을 잡고 다른 사람들의 눈을 피해 그곳을 찾았을 것입니다.

시술은 천둥 번개가 치는 날에만 은밀하게 진행되었다고 합니다. 그래야 아무리 비명을 질러도 우렛소리에 묻혀 들리지 않을 테니까요. 그 고통을 참지 못하고 죽어서 나오는 사람도 있었습니다. 그렇게 목숨을 걸고 몰래 시술을 받은 뒤, 사고를 당한 척 거짓말을 하고 환관이 되었던 것입니다. 그만큼 환관이 되는 일이 간절했던 것이지요.

신분 상승의 꿈
마르지 않는 환관의 혜택

신체적 고통과 주변의 시선을 감수하면서까지 환관을 꿈꾼 사람들. 그들은 왜 그렇게까지 하면서 환관이 되고자 했을까요?

조선 시대에 환관이 되려 했던 사람들은 대부분 신분이 낮은 이들이었습니다. 신분제 사회였던 조선은 신분에 따라 부의 편차도 심했는데 환관이 되면 신분과 상관없이 번듯하게 궁궐에서 일을 하고, 월급을 받아 생활할 수 있었습니다. 굶어 죽을 걱정은 없었을뿐더러, 고위 환관이 되면 인생 역전까지 가능했죠. 그러니 먹고 사는 걸 걱정해야 하고, 과거에 응시할 자격이 없는 신분에게 환관이 되는 것은 가난을 탈출하는 확실한 방법이었습니다. 천민이나 가난한 양인들의 마음을 흔들기에 충분한 일이었던 것이지요.

드문 경우지만 양반 출신 환관도 있었습니다. 세종 때는 종2품 벼슬의 아들이, 인조 때는 영남 출신 양반의 자제가 환관이 되었다는 기록이 있습니다. 양반이 환관이라는 직업을 선택한 데는 다양한 이유가 있겠지만, 환관들이 접하는 고급 정보를 확보하려는 목적도 있었을 것입니다. 왕의 지척에서 생활하며 얻는 고급 정보들은 권력과 연결될 가능성이 있었겠지요.

그렇다면 많은 이들에게 신분 상승의 꿈을 꾸게 한 환관의 월급은 얼마나 되었을까요? 환관은 품계에 따라서 녹봉을 받았는데,

처음에는 밥을 굶지 않을 정도로 시작했습니다. 큰돈은 아닐지라도 꾸준히 지급되는 녹봉이 있다는 것 자체가 엄청난 장점이었지요. 게다가 환관 중 최고 품계인 상선이 되면 월급으로 쌀 1석 1말과 콩 10말 정도를 받았는데, 이는 현재 총리급에 해당하는 정1품 영의정보다 많은 양이었습니다. 당시 쌀 1석은 성인 남성이 1년간 먹을 수 있는 양으로 추정하는데 이 정도면 그 혜택이 얼마나 좋았는지 가늠할 수 있겠죠.

더군다나 환관은 정년이 없는 직업이었습니다. 환관이 공식적으로 은퇴하는 시기는 그가 더 이상 일을 할 수 없는 상태가 되었을 때였으니까요. 약 70세가 넘어 은퇴할 경우에도 굶지 말라고 나라에서 매달 쌀을 주고 집도 내려주는 등 일종의 연금을 주었다고 합니다. 그야말로 은퇴해도 걱정 없는 평생 보장 시스템이었던 것이지요.

경상북도 청도에 가면 구한말 환관이 은퇴한 후 낙향해서 지은 '운림고택'이라는 한옥이 있습니다. 넓게 펼쳐진 땅에는 사랑채, 안채, 고방채 등 7동이나 되는 건물이 서 있는데, 이 으리으리한 기와집을 보노라면 환관이 어느 정도의 재력을 누리고 살았는지가 저절로 상상됩니다. 먹고살기 힘든 이들이라면 그 모습을 보고 환관을 꿈꿨을 만도 하다는 생각이 들지요. 그들에게는 환관이 인생을 바꿀 기회처럼 느껴졌을 것입니다.

고위 환관이 되면 여러모로 놀라운 삶이 펼쳐졌습니다. 정3품

청도 운림고택 구한말 종2품 상선 품계를 받은 15대 운림 김병익이 건립하고, 궁중 내시로 정3품 통정대부에 올랐던 16대 김일준이 중창했다고 전한다. 이 가옥은 7동으로 구성되어 있으며 곡식을 보관하는 창고인 고방채가 2채나 있어 그 규모와 재력을 엿볼 수 있다. 조선 중기부터 400여 년간 내시 가문이 살았던 곳으로 서울·경기 지역이 아닌 곳에 남아 있는 유일한 내시 가옥이다. 문화재청 제공.

이상의 환관들에게는 나라에서 노비와 함께 '인로引路'까지 제공했습니다. 인로는 드라마에서 종종 볼 수 있는데요. 높은 사람이 행차할 때 미리 나서서 "물렀거라!" 하며 길을 트는 사람입니다. 2품에 오른 환관의 경우 그 부모에게까지 관직을 내려주기도 했습니다. 사대부와 같은 대우를 받았던 것이지요. 이렇듯 환관에게는 녹봉뿐만 아니라 여러 혜택까지 있었으니 대단히 매력적이었을 것입니다.

멀고도 험한
환관으로 입궁하는 법

그렇지만 거세했다고 해서 모두 환관이 될 수 있었던 것은 아닙니다. 환관이 되는 길을 가히 멀고도 험했습니다. 우선 궁궐에 가서 정식 환관 채용 시험인 '소환小宦' 선발 시험을 치러야 했습니다. 소환이란 요즘으로 치면 인턴 환관으로, 무려 약 10년이나 되는 인턴 생활을 거쳐야 정식 환관이 될 수 있었지요.

생식기능은 2차 성징이 나타나기 전에 제거하는 것이 일반적이었고, 소환의 뜻 또한 거세된 어린 환자宦者이므로, 소환 선발 시험의 대상은 어린이였을 것으로 추정됩니다. 환관을 희망하는 어린이들이 모이면 환관을 관리하는 내시부에서 가장 먼저 생식불능 여부를 확인했습니다. 그다음에야 본격적인 선발 시험을 치렀지요.

첫 번째는 신체검사였습니다. 응시자들의 팔다리가 멀쩡한지, 제대로 걷고 뛸 수 있는지를 살펴보는 검사였지요. 불편한 곳이 있으면 왕실 사람들을 모시거나 궁 안의 일을 돕기가 어려울 테니까요.

신체검사를 통과한 이들은 두 번째로 궁중 상식 테스트를 치러야 했습니다. 대궐문의 이름과 개수, 궁궐 전각 이름, 궁중 용어 등을 공부해서 시험을 보았지요. 그중에는 우리가 드라마나 영화에서 들어본 말도 있었습니다. 용안龍顔은 왕의 얼굴, 매화는 왕의 용변, 성몽聖夢과 어찰御札은 각각 왕의 꿈과 편지를 의미했습니다. 왕과 왕비, 세자와 세자빈의 옷은 의대衣襨라고 했지요. 이뿐만 아니라 소학, 사서 등 유교의 기본에 대한 상식 평가도 이어졌습니다. 이런 상식은 환관에게 꼭 필요한 것이었습니다. 환관은 왕실 사람들의 말을 정확히 알아듣고, 궁이라는 특수한 환경에 적응해 업무를 수행해야 했기 때문입니다.

상식 테스트까지 무사히 통과하면 소환 선발 시험의 하이라이트인 세 번째 테스트에 응시할 자격이 생겼습니다. 이번 테스트는 응시자가 왕을 모실 자질이 있는 사람인지 알아보기 위한 것으로, 그 과정이 무척 고통스러웠습니다. 거꾸로 매달고, 사정없이 물을 먹이고, 코에 모래를 넣어 문지르는 등 마치 고문과도 같은 과정이었지요. 이런 테스트를 치른 이유는 환관에게 중요한 덕목인 인내심이 있는지 알아보기 위해서였습니다.

환관은 왕의 비밀을 누구보다 잘 알고 있는 존재였습니다. 만에 하나 역모나 변란이 일어나면 왕의 비밀을 누설하라는 협박을 당할 수도 있었지요. 그럴 때 입을 열었다간 왕실은 물론이고 나라 전체가 위험에 빠질 수도 있었습니다. 따라서 어떤 상황에서도 철저히 비밀을 지키는 것이야말로 환관에게 요구되는 가장 큰 자질이었습니다.

환관이 되는 길이 정말 만만치 않았지요? 이 시험들을 모두 통과해야 비로소 소환이 될 수 있었습니다. 조선 후기 법전인《대전통편》을 보면 이렇게 뽑힌 아이들이 90명 정도 되었다고 합니다.

소환들은 내시부에서 기초 업무 교육을 받은 뒤 실전에 투입되었습니다. 정식 환관이 아닌 만큼 품계를 받을 수는 없었지만, 선배 환관들의 지시에 따라 궁궐 청소와 잔심부름, 때로는 대전에서 왕을 모시는 일을 하기도 했습니다. 한마디로 시키는 것은 다 하면서 궁궐 일을 익힌 것입니다.

그렇게 약 10년을 보내면 드디어 정식 환관이 될 기회를 얻었습니다. 모두가 정식 환관이 되는 것은 아니고 마지막 시험을 통과해야만 했지요. 그 마지막 관문은 생식기능 검사였습니다. 어른이 되면서 생식기능이 다시 살아나는 경우도 있었기 때문에 다시 한번 확인했던 것입니다. 이 검사를 통과하면 드디어 품계를 받는 정식 환관이 될 수 있었습니다. 대부분 10세 전후에 소환이 되어서 20세 전후에 품계를 받았으니 긴 여정이었지요.

궁궐을 뒤집은
가짜 환관 소동

생식기능을 철저히 검사한 이유는 환관의 정체성이 '생식기능을 잃어 남성성이 제거된 사람'이기 때문입니다. 그들의 정체성을 거듭 확인한 것은 불미스러운 일을 막기 위함이었는데요. 실제로 1504년, 연산군 10년에 충격적인 환관 스캔들이 터졌습니다.

사건은 사헌부에 접수된 고발로 알려졌습니다. 사헌부는 관리들의 비행을 규탄하고 풍속을 바로잡는 기관이었는데, 한 남자가 찾아와 이렇게 고했던 것입니다.

"환관이 제 아내와 간통을 저질렀습니다."

다른 사람도 아니고 환관이 남의 아내를 탐했다니, 있어서는 안 될 일이었습니다. 궁궐은 발칵 뒤집혔습니다. 조사 결과, 환관 서득관이라는 자가 누에를 기르러 궁에 들어왔던 남자의 아내와 눈이 맞아 정을 통했다는 사실이 밝혀졌지요.

이 사실을 들은 연산군은 곧바로 칼을 들어 서득관의 목을 베어버리는 참형에 처했습니다. 하지만 그 이후로도 분노는 가라앉지 않았습니다. 환관이 궁에서 여자를 만났다가 혹시 아이라도 낳게 된다면 왕실은 비웃음거리가 될 것이 뻔했으니까요.

1504년 5월, 화가 잔뜩 난 연산군은 가짜 환관이 있는지 검사해 본 뒤에 자신에게 보고하라는 명령을 내립니다.

> "지금 풍속이 거짓이 많아, 고자들도 진짜가 아닐 수 있으니, 승지 강징이 의원 김흥수, 고세보와 함께 협양문 밖에서 음신陰腎(고환)이 있는지 없는지 상고하여 아뢰라."
>
> 《연산군일기》 53권, 10년(1504) 5월 3일

그렇게 조선 왕조 역사상 최초의 '환관 신체검사'가 실시되었습

니다. 모든 환관이 한군데에 모여 한 명씩 바지를 내렸지요. 어떻게 됐을까요? 놀랍게도 한 사람이 걸리고 말았습니다. 다들 소환 시절 까다로운 검사를 거쳐 환관이 되었는데도요. 김세필이라는 자가 생식기능을 가진 채 궁궐에서 일하고 있었던 것입니다.

혹시나 했던 일이 정말로 일어나자 연산군은 격노했습니다. 결국 김세필뿐 아니라 그의 부모와 형제까지 모두 벌을 받으며 사건은 마무리되었지요.

김세필 같이 생식기능이 살아나는 경우도 있었고, 거세했다 하더라도 기본적인 욕망까지는 없앨 수 없는 노릇이었습니다. 참고 숨기는 것이 궁에서 일하는 환관의 의무였지만, 그렇게 하지 못하는 사람도 있었지요. 태조 때는 환관과 세자빈 사이의 대형 스캔들이 터지기도 했습니다. 태조는 환관의 목을 베고 세자빈을 궁궐에서 내쫓았지요. 왕실에서는 이런 일이 생길 때마다 환관들을 엄하게 다스렸지만, 인간의 욕망을 완전히 막기란 어려웠을 것입니다.

이 밖에도 환관들에게는 온갖 금기사항이 있었습니다. 종종 일어나는 사달을 막기 위한 방책이었지요. 특히 음식을 가려 먹어야 했는데, 그중에서도 마늘은 절대 먹으면 안 되는 음식이었습니다. 왕 앞에서 구취를 풍기지 않기 위함이기도 했지만, 양기가 오르는 것을 예방하려는 목적도 있었습니다. 환관은 철저하게 욕망을 누르고 인내하며 오직 왕과 왕실만을 위해 일하는 존재여야 했던 것입니다.

궁궐 안에서
환관의 역할

까다로운 시험과 실습 등 인내의 시간을 견디고 뽑힌 환관들은 궁궐에서 없어서는 안 될 존재들이었습니다. 왕실 사람들 곁에서 많은 일을 처리했죠. 구체적으로 어떤 일을 했는지 궁금하시죠? 조선 시대 환관의 업무는 지금의 대통령실 공무원이 하는 일과 비슷하다고 볼 수 있습니다. 공무원이 직급에 따라 다른 일을 하듯 환관 또한 품계에 따라 담당 업무가 나뉘어 있었지요. 조선 시대 법전 《경국대전》에 환관의 품계와 그에 따른 임무가 정리되어 있습니다.

처음 환관이 되면 종9품의 품계를 받았습니다. 이들이 하는 일은 '정원 가꾸기'였지요. 궁 안에 있는 식물들을 돌보고 주위를 청결하게 하는 일에도 환관의 손이 필요했던 것입니다. 정9품으로 승진하면 '야간 시각 통보'를 맡았는데, 밤이 되면 "00시입니다!" 하고 알람처럼 외치는 일이었지요. 시계가 없는 시절이었던 만큼 정확한 시간을 알려주는 일은 대단히 중요했습니다. 궁 안에 있는 사람들은 이 소리를 듣고 퇴근을 하거나 취침을 하는 등 그날의 일과를 마쳤습니다.

허드렛일을 하던 환관들이지만 승진할수록 그 임무가 막중해졌습니다. 4품 환관이 되면 대전이나 중궁전에 배치되어 왕이나 왕

품계		관직명	임무
종	2품	상선	식사 감독
정	3품	상온	술 제조 관장
		상다	다과 준비 관장
종		상약	약 처방과 시약에 관한 일
정	4품	상전	왕명 전달
	⋮		
정	9품	상경	야간 시각 통보
종		상원	정원 가꾸기

내시부 품계와 임무

비의 명을 전달하는 일을 맡았습니다. 특히 정4품 환관은 왕명 전달의 임무를 맡았고, 이들을 가리켜 '승전색'이라고 했습니다.

승전색은 왕과 신하 사이를 오가며 업무나 사적인 내용을 담은 명령을 전했습니다. 왕명이란 나랏일의 최종 단계이자, 절대적인 권위를 갖고 있었기 때문에 승전색의 임무 또한 굉장히 중요했습니다. 중간에서 실수라도 한다면 왕과 신하 사이에 오해가 생길 수도 있고 혹여 나쁜 마음으로 왕명을 다른 곳으로 옮겼다가는 나랏일이 어그러질 수도 있었으니까요.

승전색은 왕의 말을 옮기기 위해서 24시간 내내 왕의 곁을 지켜야 했습니다. 어명은 그 자체로 엄청난 힘을 지녔기 때문에 승전색 또한 '왕의 정보를 가진 자'로서 자연스레 권력을 가질 수 있었지요. 이는 곧 권력을 악용할 가능성도 있었다는 뜻입니다.

"그중에도 시사나 세쇄한 일들은 대언이 일일이 계啓하기가 어려워서 할 수 없이 이들로 하여금 출납하게 하였는데, 근자에 (환관) 김수가 제수하는 동안에 그 틈을 타서 거짓으로 전달하였다."

《세종실록》 20권, 5년(1423) 6월 2일

세종 5년에는 기막힌 사건이 일어났습니다. 순간순간 일어나는 급한 일이나 자잘하고 사소한 일을 승정원에서 일일이 전하기 어려워 환관에게 전달하게 했는데, 김수라는 환관이 왕명을 거짓으로 전했던 것입니다. 왕의 입장에서는 환관이 왕처럼 행동한 것이나 다름없다고 느꼈겠지요. 당시 세종은 이 일로 엄청나게 화를 냈습니다.

왕명 출납 사고는 한 번으로 그치지 않았습니다. 명종 때는 어느 환관이 왕명을 무려 일주일이나 묵혀두고 전달하지 않은 일도 있었지요. 왕명이 지연되거나 잘못 전달되면 정치적으로 큰 갈등이 생길 수도 있었기에 대신들은 환관이 왕명 출납을 맡아서는 안 된다고 비판하고는 했습니다.

실제로 세종은 환관의 왕명 출납 업무를 막기도 했습니다. 화가 난 나머지, 승지에게 환관을 거치지 말고 왕에게 직접 보고하라고 명했던 것이지요. 하지만 전국에서 올라오는 보고가 얼마나 많았겠습니까? 승정원에서 그것을 전부 왕에게 전달하기란 무리였습니다. 게다가 왕이 사적으로 환관을 부릴 일도 많으니, 결국 편의를 위해 왕명 출납 업무는 다시 환관이 맡게 되었습니다.

이번에는 3품으로 올라가보죠. 환관의 품계가 높아질수록 더 중요한 일을 맡게 된다고 했지요? 종3품 환관은 궁중에서 쓰이는 약을 관리했습니다. 약을 처방하고 만드는 일에 관련된 임무를 맡은 것이죠. 그보다 한 단계 위인 정3품은 당상과 당하로 나뉘었는데 당상은 술 빚는 일을, 당하는 다과를 준비하는 일을 관장했습니다. 술을 관리하는 일이 약을 관리하는 일보다 더 중요했다니 놀랍지요? 술은 왕이 마시기도 했고, 제사에도 쓰였기 때문입니다. 평상시뿐만 아니라 왕실의 다양한 행사에도 필요했기 때문에 더 중요하게 살폈습니다.

환관의 최고 품계는 종2품이었습니다. 종2품 환관은 '상선'이라 불렸는데 그들은 환관의 우두머리였습니다. 왕이 일할 때나 놀 때뿐만 아니라 잘 때도 옆에 붙어 일상생활을 책임졌으니 말 그대로 왕의 수족과 같은 존재였지요. 그런 그들이 맡았던 임무는 '궁궐

내 식사 감독'이었습니다. 왕의 입으로 들어가는 음식은 물론이고 왕실 사람들이 먹는 식사를 만들고 제때 올리는 일 등을 감독했지요. 가장 높은 품계의 환관에게 음식 감독을 맡긴 것은 음식이야말로 왕의 건강과 직결되는 중요한 사안이었기 때문입니다. 이 일이 얼마나 중요했는지, 태종 때는 음식을 제대로 살피지 않은 환관을 곤장 치고 유배 보내기까지 했습니다.

환관의 임무는 이렇게 정해져 있었지만, 그렇다고 환관이 정해진 일만 하는 것은 아니었습니다. 궁궐 안팎으로 손발이 필요한 곳이 너무나 많았기 때문이지요. 우선 왕실의 행사 중 가장 많은 비율을 차지한 제사도 함께 준비했습니다. 심지어 왕의 명령을 받아 지방으로 가서 수령들의 근무 태도를 관리하기도 했지요.

이렇듯 환관은 왕실 사람들의 업무와 사생활 관리뿐 아니라 개인 비서처럼 전천후로 일했지만 2품까지로 품계의 한계가 있었습니다. 그 이유는 그들로 인한 분란을 막기 위함이었습니다. 《태조실록》에는 일찍이 중국에서 환관의 횡포가 극심했던 일을 거론하며 그들을 경계해야 한다는 내용의 상소가 기록되어 있습니다.

> "혹은 구변이 좋고 아첨을 잘함으로써 군주를 미혹하게 하기도 하고, 혹은 군주의 총명을 가리움으로써 나라를 그릇되게 하기도 하였으니(…)"

> 《태조실록》 2권, 1년(1392) 9월 21일

사대부들은 환관이 필요하다는 사실을 인정하면서도 환관들의 정치 참여는 막고자 했습니다. 고려 말에도 환관들이 득세하며 나라가 어지러워졌기 때문에 환관이 정치에 개입하지 못하도록 일반 관료들과 구분하여 관직을 따로 두고 품계를 제한하는 시스템을 만들었던 것이지요.

왕의 곁에서
권력을 휘두른 환관, 박한종

하지만 한계를 넘어서는 이들은 반드시 생기는 법! 환관의 한계인 종2품을 뚫고 종1품까지 올라간 환관이 있습니다. 바로, 앞에서 살펴본 경복궁 화재의 책임자 박한종입니다.

박한종이 처음 기록에 등장한 것은 중종 때입니다. 그는 중종과 인종을 거쳐 명종 때까지 3명의 왕을 모시며 환관으로 일했고, 특히 명종의 엄청난 신뢰와 총애를 받으며 승승장구했습니다. 그가 명종이 왕이 되는 데 큰 역할을 했기 때문입니다.

조선 제12대 왕 인종이 후계도 없이 앓아눕자, 인종의 형제들은 후계 왕위를 노렸습니다. 명종도 그들 중 하나였지요. 박한종은 명종 측에 인종의 건강 상태를 시시각각 전달하면서 명종의 즉위가 유리하도록 도왔습니다.

본래 환관의 기본자세는 '알지만 모르는 것'이었습니다. 궁에서 보거나 들은 일은 바로 잊어야 하는 것이 철칙이었지요. 특히 왕의 건강 상태와 같은 비밀을 전달하는 것은 절대 해서는 안 되는 일이었습니다. 그럼에도 박한종은 인종의 상태에 관심이 컸던 명종 측에 그 내용을 전한 것입니다. 좋게 보자면 앞날을 예견하고 노련하게 처세한 것이라고도 할 수 있겠지요. 결국 1545년 인종이 승하하자 박한종의 예상대로 명종이 왕위에 올랐고, 박한종은 공신으로 책봉되었습니다.

박한종의 권세는 하늘을 찌를 정도였습니다. 거기에 명종이 날개를 달아주었습니다. 1546년 명종 1년에 박한종을 내수사^{內需司}의 총책임자인 '내수사 제조'로 임명했기 때문입니다. 내수사는 조선 시대 왕실의 재정을 관리하던 기구입니다. 궁에서 쓰는 쌀, 베, 잡물과 노비 등은 모두 내수사에서 관리했지요. 왕실의 돈까지 관리하게 되었으니 그야말로 최고의 권력을 갖게 된 셈이었습니다. 과연 박한종은 내수사를 잘 운영했을까요?

> "박한종이 내수사 제조가 된 뒤부터 사대부의 전민을 겁탈, 조금도 꺼리는 점이 없어서 내수사는 주인을 배반하고 세금을 포탈한 자의 소굴이 되었다."
>
> 《명종실록》 25권, 14년(1559) 4월 9일

박한종은 내수사를 제대로 운영하지 않았습니다. 기록에 따르면 사대부의 땅을 아무렇지도 않게 빼앗아 내수사에 귀속시켰다고 합니다. 내수사 소유의 땅은 세금을 내지 않았기 때문에 결과적으로 왕실 소유의 땅은 늘고 국가 예산은 줄어들었습니다. 그럼에도 명종은 박한종을 탓하지 않았습니다.

왕의 절대적인 비호를 받은 박한종은 그 권력을 등에 업고 온갖 악행을 일삼았습니다. 무슨 짓을 해도 왕이 편을 들어주니 무서울 것이 없었겠지요. 내수사에서 일하는 사람들 또한 박한종의 권력을 믿고 날뛰었습니다.

1553년 경복궁 화재 때 명종이 화재의 책임자인 박한종을 감싼 것도 무조건적인 '박한종 지키기'의 연장선이었습니다. 명종은 박한종을 벌하라는 신하들에게 윤허하지 않는다는 대답만을 반복했지만, 이번에는 신하들도 물러서지 않았습니다.

결국 6개월 동안 처벌하라고 간청한 끝에 박한종을 삭탈관직削奪官職하라는 명이 떨어집니다. 삭탈관직은 죄를 지은 자의 벼슬과 품계를 모두 빼앗고 벼슬아치의 명부에서 이름을 지우는 일을 말합니다. 이로써 박한종은 모든 관직을 빼앗긴 채 궁궐 밖으로 쫓겨났습니다. 그의 세상도 그렇게 저무는 듯했지요.

하지만 박한종은 화려하게 부활했습니다. 명종이 박한종을 복직시켰을 뿐만 아니라, 세자 교육이라는 중요한 일까지 맡긴 것입니다. 대신과 유생들이 상소를 올려 극구 반대했지만, 명종은 전혀 듣지 않았습니다.

조선 시대 세자 교육은 왕세자 교육을 담당한 세자시강원에서 맡았습니다. 그런데 중종 때부터 왕의 맏아들인 원자는 시강원 교육 이전에 '보양'이라는 특별 교육을 받았습니다. 원자에게 바른 말과 행동을 가르치는 교육이었지요. 명종은 바로 이 보양을 박한종에게 맡겼습니다. 그를 얼마나 신뢰했는지 짐작할 수 있지요.

명종은 12살의 어린 나이에 즉위해 궁중 사정을 잘 알지 못했습니다. 3명의 임금을 모신 박한종이나 환관들에게 이것저것 물어가며 정치를 할 수밖에 없었지요. 왕이 의지하니 자연히 환관의 역할은 강화되고 힘이 커졌습니다. 명종 때뿐 아니라 왕권이 약할 때에 그 틈을 타 환관이 득세하는 경우가 종종 있었지요.

시간이 지나 명종은 대신들이 더욱 분노할 만한 명령을 내렸습니다.

"박한종을 숭정대부로 임명한다."

숭정대부는 조선 시대 종1품 문무관의 품계로, 현재의 부총리에 해당하는 높은 관직입니다. 명종이 왕의 권한으로 환관을 종1품까지 파격 승진시켰으니, 그야말로 환관의 유리천장이 깨지는 순간이었습니다.

환관이 가족을
이루는 방법

왕의 비호를 믿고 호가호위했던 박한종. 그런데 그의 곁에서 권력을 함께 누린 이가 있었으니, 박세겸이라는 자였습니다. 그 또한 환관이었지요.

> "내관 박세겸은 함경도 덕원 땅에 내려가서 명을 받았다고 스스로 일컫고 함부로 역마를 타고 여러 고을을 돌아다니며 마구 토색질을 하였습니다."
>
> 《명종실록》 24권, 13년(1558) 1월 11일

기록에 따르면 박세겸은 공무 중에만 타야 하는 말을 마음대로 타고 다니면서 왕명을 받았다는 거짓말을 했습니다. 여러 마을을 돌아다니며 토색질, 즉 돈과 물건을 빼앗는 짓을 하기도 했지요. 그가 이런 대담한 횡포를 부릴 수 있었던 것은 권세를 누리던 박한종과 아주 가까운 관계였기 때문입니다. 두 사람은 다름 아닌 부자父子 사이였지요.

환관에게 자식이 있다니, 놀랍지 않나요? 하지만 조선 시대 환관은 가족은 물론이거니와 족보까지 가지고 있었습니다. 1805년에 처음 만들어진 《양세계보》는 고려말 조선초 내시였던 윤득부를

시조로 하는 환관 가문의 족보입니다. 3권으로 이루어진 이 책에는 총 650명의 이름이 기록되어 있지요.

조선 제21대 왕 영조 때의 환관 이경희를 중심으로 구성된 가계 족보를 살펴보면, 이경희의 이름 아래 칸에 장자 명주국, 차자 최광국의 이름이 있습니다. 명주국의 아들은 양달엽이고, 양달엽의 아들은 김양복, 최광국의 아들과 손자는 유인묵과 임의복입니다. 보통 족보라고 하면 같은 성씨의 가계를 기록한 것인데, 특이하게도 《양세계보》에 실린 아버지와 아들은 성씨가 다릅니다. 아이를 낳을 수 없는 환관들이 다른 성씨의 자식을 입양해 대를 이어나갔기 때문입니다.

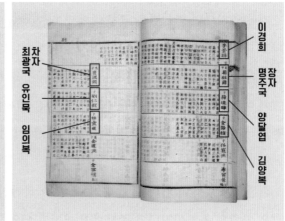

차자 최광국

유인묵

임의복

이경희

장자 명주국

양달엽

김양복

양세계보 국립중앙도서관 소장

가족을 만들 수 있다는 것은 조선 시대 환관들이 누린 가장 큰 혜택이었습니다. 환관은 결혼해서 아내도 들일 수 있었고 아이도 입양할 수 있었습니다. 족보도 만들어 전할 만큼 나라에서 환관 가족을 공식적으로 인정했지요.

환관들은 보통 한두 명의 양자를 들였는데, 부자이거나 권세가 있으면 네다섯 명의 양자를 두기도 했다고 합니다. 성이 같지 않아도 되니 먹고살기 힘든 집안에서 아들을 양자로 보내는 경우도 있었다고 하지요. 양자가 되면 양아버지를 통해 기본 교육을 받으니 보다 순조롭게 환관이 될 수 있었습니다. 그렇게 자신의 양자에게

서울 초안산 분묘군 서울시 노원구 초안산 분묘군은 조선 시대 양반 분묘에서 서민 민묘까지 다양한 신분의 무덤이 있는 곳이다. 그중에는 17세기 환관이었던 승극철 부부의 묘와 비석이 있는데, 묘표에 승극철과 그의 부인을 함께 모셨다는 뜻의 '양위지묘兩位之墓'가 새겨져 있다. 이는 내시도 결혼했음을 알려주는 중요한 사료다. 문화재청 제공.

직책이나 권력을 대물림하면서 환관은 가문을 이루었지요.

환관이 가족을 만드는 것을 나라가 인정해준 이유는 제사 때문이었습니다. 유교에서는 조상을 모시는 일을 무척 중요하게 여겼습니다. 그래서 더더욱 후손이 중요했지요. 환관은 생물학적으로 아이를 가질 수 없으니 죽은 뒤 제사를 지내줄 사람도 없었습니다. 그래서 양자를 들여 가계를 잇고 대대로 조상을 모시도록 허용한 것입니다.

또 다른 이유는 환관의 수급 문제였습니다. 중국에는 궁형宮刑이라는 형벌이 있었지만, 조선에는 그와 같은 형벌이 없었기 때문에 형벌로 거세시켜 환관의 수를 채울 수 없었습니다. 그러나 왕실 입장에서 환관은 계속 필요한 존재였기에 환관이 양자를 들이게 함으로써 그 아들도 환관이 될 수 있도록 했지요. 환관을 안정적으로 수급하기 위한 방법이었다고 할 수 있습니다.

국가에서 공식적으로 환관 가족을 인정한 것은 환관 개인에게도 왕실에도 분명 좋은 의도였습니다. 하지만 때때로 이 의미는 퇴색되기도 했

사마천 초상 중국 전한 시대의 역사가. 사관으로 일하다가 48세에 '이릉의 화'를 당하여 사형과 궁형 중 하나를 택해야 했는데, 역사서를 완성하라는 아버지의 유지를 받들기 위해 궁형을 택했다. 이후 황제의 사면을 받아 다시 궁으로 돌아갔고, 최초의 기전체 사서 《사기史記》를 완성했다.

습니다. 박한종처럼 왕의 권력을 등에 업고 아들에게 부정과 부패를 대물림하기도 했으니까요.

타락한 절대 권력에 맞선 환관, 김처선

목숨 걸고 들어간 궁궐에서 환관들은 권력의 유혹에 넘어가기 쉬웠습니다. 하지만 박한종처럼 권력과 재물을 노린 환관만 있었던 것은 아닙니다. 자신의 진짜 소임을 다했던 환관도 있었지요. 대표적인 인물은 두려움 속에서도 연산군에게 쓴소리를 주저하지 않았던 김처선입니다.

김처선은 세종부터 연산군까지 무려 7명의 왕을 모신 환관입니다. 조선 시대 환관 중 가장 많은 왕을 모셨지요. 연산군 때에 김처선은 환관의 최고 수장인 상선을 맡고 있었습니다. 상선은 왕의 곁에서 일거수일투족을 함께했으니, 김처선 역시 연산군이 어렸을 때부터 가까이 지냈지요.

조선 제10대 왕이 된 연산군은 폭정을 이어갔습니다. 조선 시대 최악의 폭군이라는 수식어가 무색하지 않게 무오사화와 갑자사화를 일으켜 수많은 사람들의 목숨을 빼앗았고, 누구든 마음에 들지 않으면 죽여 없앴습니다. 조금이라도 거슬리는 말을 했다가는 무슨 일을 당하게 될지 알 수 없으니, 연산군 주변에 바른 말을 하는 사람은 아무도 남지 않았습니다.

연산군이 즉위한 뒤로 궁궐에는 피바람이 멈출 날이 없었습니다. 그러던 어느 날, 김처선은 비장한 표정으로 아내에게 말했습니다.

"오늘 나는 반드시 죽을 것이오."

그러고는 집을 나서서 연산군이 있는 궁궐로 향했지요. 연산군은 그날도 어김없이 연회를 즐기고 있었습니다. 김처선은 작정하고 연산군 앞에 나아가 바른 말을 쏟아부었습니다.

"이 늙은 신하가 그동안 여러 임금을 섬겨왔으나 고금을 막론하고 전하처럼 행동하는 왕은 없었사옵니다!"

김처선의 말을 들은 연산군은 끓어오르는 화를 참을 수 없었습니다. 왕의 수족인 환관이 감히 왕을 가르치려 든다고 여겼던 것입니다.

연산군은 자리에서 벌떡 일어나 옆에 있던 활을 들고 활시위를 당겼습니다. 연산군이 쏜 화살은 김처선의 갈빗대를 맞췄지요. 화살에 맞은 김처선은 그 상태로 간언을 이어갔습니다. 제대로 된 왕이 되어달라는 김처선의 말에 연산군은 활을 내려놓고 칼을 뽑아들었습니다. 서슬 퍼런 칼날 앞에서도 김처선은 멈추지 않고 충언을 계속했습니다. 점점 더 화가 난 연산군은 폭주하기 시작해 김처선의 다리를 잘라버렸습니다. 그래도 김처선은 말을 멈추지 않았다고 합니다. 결국 연산군의 칼에 김처선의 혀가 잘렸고, 그것으로도 모자라 연산군은 김처선의 배를 가르고 창자를 끄집어냈습니다.

《소문쇄록》이라는 책에 실린 이 이야기는 야사이기 때문에 과장이 있을 수 있지만, 김처선이 연산군에게 직언을 했고 그로 인해 연산군이 엄청나게 분노했다는 사실만큼은 분명합니다. 김처선은 숨이 끊어질 때까지 충언을 했습니다. 비록 끔찍한 죽음을 맞았지만, 그의 최후는 비참하지 않았습니다. 그는 권력의 최측근에서 권력에 저항한 대표적인 환관으로 떳떳하게 역사에 남았습니다.

간신과 충신 사이
조선 시대 환관의 삶

환관은 조선 시대 궁중 생활에 적지 않은 존재감을 보였지만, 환관을 그린 초상화는 단 2점뿐입니다. 그중 하나는 공신으로 책봉된 임우라는 환관을 그린 초상화입니다.

그의 초상화를 보면 어딘가 익숙한 듯 낯선 느낌이 듭니다. 조선 시대의 다른 초상화와 달리 그에게 '수염'이 없기 때문입니다. 조선 시대에는 남자라면 누구나 수염을 길렀고 왕을 비롯한 양반들은 수염을 관리하는 데 특히 공을 들였다고 합니다. 값비싼 빗을

임우 초상 경기도박물관 소장

사용하고, 동백기름을 바르기도 했지요. 수염이 없는 사람은 얕잡아 보기까지 했습니다. 그럼에도 불구하고 임우는 환관이었기 때문에 수염이 없었습니다.

임우는 조선 제14대 왕 선조 때의 환관으로 1592년 임진왜란이 일어났을 때 선조를 호위한 신하였습니다. 의주로 피난을 가는 길에 임금의 거처인 행재소를 손수 마련하는 등 왕에게 충성을 다했지요. 이뿐만 아니라 전란에 혼란스러웠던 조정이 어느 정도 안정되자 1597년 전장으로 내려가겠다고 자원하여 곽재우가 이끄는 관군에 합류해 수많은 왜군의 목을 베었다고 전해집니다. 이러한 공로를 인정받아 호성공신으로 책록되었지요. 덕분에 초상화가 남은 것입니다.

그동안 알려지지 않았던 환관의 이야기를 통해 권력의 최측근으로 사는 삶을 들여다보게 됩니다. 아마 끊임없이 욕망을 억눌러야 하는 삶이었을 겁니다. 욕망에 무릎 꿇기 쉬운 자리이니까요.

저마다의 목적으로 목숨을 걸고 입궁했던 조선의 환관들은 각자의 욕망을 숨긴 채 왕실 사람들의 수족으로 살아갔습니다. 어떤 이들은 권력 앞에서 무너지기도 했고, 어떤 이들은 잘못된 권력에 맞서기도 했지요. 이 특수한 집단은 조선 왕실이 최후를 맞으면서 함께 사라졌습니다.

박한종과 김처선, 두 사람 중 어느 쪽이 진정한 왕의 남자라고 할 수 있을까요? 원하던 자리에 올랐을 때 나쁜 길로 빠지는 것은 비단 환관만의 일이 아닐 것입니다. 박한종과 김처선의 일화를 통해 어떤 생각으로 내 일을 대해야 하는지, 그 일을 통해 무엇을 얻을 수 있을지, 만약 얻은 게 있다면 어떻게 써야 할지를 생각해보면 좋겠습니다.

6장

멀고먼은 경술국치

김현철(동북아역사재단 한일역사문제연구소 연구위원)

이완용은 어떻게
조선을 팔아넘겼나

서울의 명소 중 하나인 덕수궁 돌담길을 따라 걸으면 국립정동극장이 있는 정동길로 이어집니다. 국립정동극장 앞에 도착해 주위를 둘러보면 극장 옆으로 작은 골목이 나 있는 것을 발견하게 됩니다. 그 골목을 따라 들어가면 숨겨져 있던 서양식 건물 한 동이 모습을 드러내죠. 덕수궁 전각 중 하나인 중명전重明殿입니다. 예전에는 이 일대까지 모두 덕수궁의 영역이었지만 일제강점기를 지내며 궁의 규모가 대폭 축소되는 바람에 현재는 이렇게 담장 밖에 존재하게 된 것이죠.

황실 도서관이었던 중명전은 '광명이 계속 이어져 그치지 않는다'는 뜻을 지녔습니다. 그러나 광명이 이어져야 할 이곳에서 조선

덕수궁 중명전 1899년에 건립된 황실 도서관. 처음에는 서양식의 1층 건물이었으나 화재 이후 2층으로 재건되었고, 일제의 강제 한일병합 이후에는 외국인들의 사교장으로 사용되었다. 1925년 또다시 화재가 발생해 다시 지었고, 광복 이후에는 민간 소유로 있다가 2006년 문화재청이 인수해 대한제국 당시의 모습으로 복원했다. 문화재청 제공.

역사상 가장 어두운 기억이라 할 수 있는 사건이 발생합니다.

때는 1905년 11월 17일 저녁, 총칼로 무장한 일본 헌병들이 중명전에 들이닥칩니다. 그리고 퇴궐 준비를 하던 대한제국의 대신들을 회의실로 밀어 넣어버리죠. 잠시 후, 회의실에 일본의 대사 이토 히로부미가 나타납니다. 그는 대신들에게 대한제국의 외교권을 포기하는 조약에 찬성하라고 강요하죠. 결국 이 회의실에서 일제가 대한제국의 외교권을 박탈하는 '을사늑약乙巳勒約'이 강제로 체결됩니다. 이는 우리나라가 35년간 일본의 식민 지배를 받는 결정적인 원인이 되었죠. 원통하고 애통한 일입니다.

그런데 이 조약이 강제로 체결될 당시, 대한제국 대신 중에도 이에 적극적으로 찬성한 사람이 있었습니다. 그의 이름은 이완용. 나라를 팔아먹은 민족 반역자로 유명한 인물이죠. 그러니까 을사늑약 체결의 날이 이완용의 친일파 데뷔일이라고도 할 수 있습니다. 이후 이완용은 친일매국 행위에 박차를 가하며 조선의 모든 것을 일본에 팔아넘깁니다.

이완용

대체 왜 이완용은 일본의 앞잡이가 되었던 것일까요? 그리고 어떻게 조선의 모든 것을 팔아넘겼을까요? 을사늑약부터 경술국치까지, 지금부터 민족 반역자 이완용과 그로 인해 일어난 수많은 사건들을 낱낱이 벗겨보려 합니다.

육영공원의 인텔리
미국으로 떠나다

이완용은 고종의 승인도 없이 을사늑약 체결에 힘을 보탰지만,

한때는 고종이 신임하던 신하였습니다. 그는 조선의 엘리트 중 엘리트였습니다. 25살에 과거에 급제해 관리가 되었고, 29살이 되던 1886년에는 육영공원育英公院이 설립되자 자원 입학했지요. 육영공원은 조선 최초의 근대적 교육기관으로, 글자의 뜻처럼 '젊은 영재를 기르는' 공립학교였습니다.

육영공원이 그때까지의 교육기관들과 크게 달랐던 점 중 하나는 외국인 교사를 채용했다는 점입니다. 미국에서 3명의 교사를 초빙해 조선의 양반고관 자제들을 가르치게 했죠. 외국인 교사들은 영어와 세계사, 서양의 정치와 법률, 수학 등 이전까지 조선에서는 배울 수 없던 새로운 학문을 가르쳤습니다. 게다가 모든 수업

육영공원의 모습

을 영어로 진행했지요. 그 시절에는 생각지 못한 파격적인 수업 방식이었습니다.

육영공원은 왜 이렇게 영어 교육에 매달렸을까요? 고종이 육영공원을 통해 미국과 활발히 소통할 수 있는 인재를 길러내길 원했기 때문입니다. 그 당시에는 조선인 중 영어를 제대로 구사하는 사람이 없었습니다. 그렇기에 영어를 중점적으로 가르침과 동시에 서양과 외교하거나 교류할 때 필요한 기본 지식 및 문화를 익힐 수 있도록 한 것이죠.

이 모든 것은 청나라의 간섭에서 벗어나기 위함이었습니다. 청나라, 이름이 익숙하지요? 병자호란 직후 소현세자가 볼모로 끌려간 나라이지요. 앞에서 살펴본 바 있습니다. 조선은 1637년 병자호란에서 패배한 이후 줄곧 청나라의 속국 처지였습니다. 군신관계를 맺고, 때마다 갖가지 공물과 함께 여인들까지 바쳐야 했지요.

고종은 미국의 도움을 받아 조선의 외교와 내정에 사사건건 간섭하는 청나라의 영향력에서 벗어나고자 했습니다. 1882년 조선이 미국과 맺은 '조미수호통상조약' 제1조에 '한 나라가 불공평하고 경시당하는 일이 있으면 서로 도와주고 중간에서 잘 조정해준다'는 내용이 들어가 있는 것을 보면 알 수 있죠. 게다가 고종은 러시아나 일본과 달리 미국에게는 조선 땅을 차지하려는 야심이 없다고 생각했습니다. 그래서 미국의 도움을 기대했던 것이지요. 고종은 육영공원이 청나라의 간섭에서 벗어날 탈출구라고 믿었습니다.

　막중한 책임을 가지고 설립된 학교이니 아무나 학생으로 받지는 않았겠지요. 육영공원은 명문가 자제와 현직 관리들 중에서 입학생을 뽑았는데 그 인원이 다 합쳐서 30여 명 정도였습니다. 세심하게 선발된 인원 중 한 명이 바로 이완용이었습니다. 육영공원을 세운 고종의 의중을 빠르게 눈치챈 이완용은 열심히 공부했습니다. 영어 실력을 키워 미국통이 된다면 고종의 눈에 들어 탄탄대로를 걸을 수 있을 거라고 생각했지요. 그 결과, 그는 입학한 지 불과 10개월 만에 큰 행운을 거머쥐게 되었습니다. 미국과 맺은 조미수호통상조약의 결과로 미국 땅에 조선공사관을 세우게 되었는데, 주미 조선공사관의 관원 중 한 명으로 선발된 것입니다.

　이완용의 조카이자 비서였던 김명수가 이완용의 일대기를 정리한 《일당기사一堂紀事》에 당시 상황에 대한 이완용의 회고가 적혀 있습니다.

> "나의 지나온 바를 말한다면 최초 25세경에는 종래 조선인이 목적으로 삼았던 문과에 급제했다. 그런데 당시로부터 미국과의 교제가 점점 긴요해졌기 때문에 그때 신설된 육영공원에 입학하여 미국에 가게 되었다."
>
> 《일당기사》

힘없는 나라의
국민이 당하는 설움

조선공사관원들의 길은 출발부터 순탄하지 않았습니다. 관원들이 미국으로 떠나는 날, 청나라가 그들을 막아섰던 것입니다. 조선은 자기들의 속국이니 외교 활동을 하려면 청나라의 허가가 필요하다는 이유였습니다. 조선 정부가 독자적인 공사관을 세우면 안 된다는 청의 우격다짐에 미국행이 불발될 상황이었지요.

이 소식을 들은 미국은 청나라에 강력하게 항의했고, 청나라는 어쩔 수 없이 조선공사관원들을 보내주었습니다. 하지만 조선 외교에 대한 간섭을 포기하지는 않았습니다. 청나라는 출국을 허락하는 대신, 주요 외교 사항이 있을 때마다 조선 공사는 항상 청 공사의 지시를 따라야 한다는 조건을 내걸었습니다. 다행히 출국이 좌절되지는 않았지만 당시 조선의 외교 활동마저 청나라가 좌지우지하는 상황이었음을 알 수 있죠.

1888년 1월 1일, 조선공사관원들은 두 달간의 긴 여정 끝에 미국 땅을 밟았습니다. 샌프란시스코로 입국한 이들은 1월 9일 수도 워싱턴에 도착했고, 이곳에 정식으로 조선공사관을 세웠습니다. 어렵게 미국에 도착한 공사단은 청나라의 방해에도 독립국으로서 자주적으로 외교 활동을 펼치려 노력했습니다. 공사관을 연 뒤 먼저 태극기부터 달고, 청나라의 허가 없이 미국 대통령을 방문하여 직접 고종의 친서를 전달했죠.

"공관 건물 맨 꼭대기 층의 전면에 깃대를 세우고 태극기를 높이 게양했다."

이상재,《별건곤》기고문(1926년)

그러나 고작 11개월 만에 초대 주미 전권공사 박정양에게 귀국 하라는 명령이 떨어졌습니다. 청나라가 박정양이 자신들의 허락 없이 단독으로 일을 진행한다며 그를 문제 삼은 것입니다. 조선을

초대 주미 공사관원 일행 1888년 미국 워싱턴에서 활동한 주미 공사관원들. 앞줄 왼쪽부터 서기관 이상재, 참찬관 이완용, 초대 주미 전권공사 박정양이다. 한국이민사박물관 소장.

속국으로 생각했던 청은 이러한 행동이 자신들을 무시하는 것이라 생각했고, 당장 주미 전권공사를 귀국시키라며 고종을 압박했습니다. 고종은 그 말을 따를 수밖에 없었습니다.

그런데 이 불미스러운 일이 이완용에게는 행운으로 작용했습니다. 공석이 된 주미 전권공사의 자리를 차지하게 되었으니까요. 이완용은 약 2년 동안 주미 임시 대리공사로 일하게 되었습니다.

조선 말 미국에서 외교관으로 활동하던 주미 공사관원들은 미국에서도 한복을 입고 생활했습니다. 양복을 입은 서양인들 사이에서 갓을 쓰고 도포를 둘렀지요. 지금은 많은 외국인들이 한복의

주미 공사관원들의 미국 활동 미국 초대 대통령인 조지 워싱턴의 사저 '마운트 버넌'에 방문한 모습으로 오른쪽 두 사람이 이완용 부부이다. 주미대한제국공사관 제공.

아름다움에 감탄하지만, 당시에는 한복을 입은 조선인이 서양인들에게 몹시 낯선 존재였습니다. 각 나라의 공사들이 한자리에 모이는 연회가 열리면 서양인들은 조선인의 모습을 보고 쑥덕거렸습니다. 심지어 이완용에게 이렇게 이야기한 사람도 있었지요.

"다음번 쇼는 어디에서 보여줍니까?"

낯선 복장을 웃음거리로 여기는 것도 모자라서 조선인을 구경거리로 삼았던 것입니다.

그 시절 서양인 대부분은 조선을 몰랐습니다. 조선은 알더라도 조선인은 문명화가 덜 된 미개한 국가에서 온 사람으로 취급했지요. 양반 출신임을 자부하던 이완용은 자존심이 무척 상했습니다.

이뿐만이 아니었습니다. 일본 낭인단체인 흑룡회 간사를 지냈던 쿠즈 요시히사가 남긴 기록에 따르면 이완용은 더 큰 모욕도 들었습니다.

> "어느 미국인이 이완용에게 한국인은 돼지만도 못한 열등 민족이라는 말을 했을 때 이완용은 이 말에 몹시 자극받아 세계 일등 민족이라는 미국을 연구, 시찰했다."

어떤 서양인이 이완용에게 조선인은 열등한 민족이라고까지 말한 것이죠. 선망했던 미국에서 갖은 수모를 당한 이완용은 자신이 힘없고 가난한 조선인이라는 사실에 초라함과 비참함을 느꼈을 것입니다. 한편으로는 강한 나라에 대한 동경 또한 품게 되었겠지요. 미국에서의 경험은 이후 이완용의 삶을 완전히 바꿔놓습니다.

총애받던 이완용, 고종을 구출하다

미국에서 생활하는 동안 이완용의 영어 실력은 일취월장했습니다. 미국공사관과의 관계는 더욱 돈독하고 긴밀해졌지요. 1890년 10월 대리공사직을 마치고 조선에 돌아왔을 때, 이완용은 대미 외교의 1인자이자 친미파의 대표 인물이 되었습니다. 해외 열강의 간섭에서 벗어나려 했던 고종에게 미국 사정에 밝은 이완용은 곁에 두어야 할 인재였습니다. 이완용은 정3품으로 승진하며 임금의 비서 기관인 승정원에서 일하게 되었고, 자연스럽게 고종의 측근이 되었습니다.

고종의 총애 속에서 이완용은 34살의 이른 나이에 종2품까지 올라갑니다. 가장 낮은 직책에서 2품까지 오르는 데에 보통 20~30년이 걸리는데, 이완용은 벼슬길에 나선 지 6년 만에 이루었으니 그야말로 초고속 승진이었습니다. 이완용이 빨리 출세할 수 있었던 이유 중 하나는 고종 주위에 믿고 일을 맡길 수 있는 사람이 점점 줄었다는 것입니다. 고종의 신뢰를 얻은 이완용은 이후에도 정부의 요직을 두루 역임하며 승승장구했지요.

그런데 1894년, 조선 땅에서 생각지도 못한 일이 벌어집니다. 청일전쟁이 일어난 것입니다. 사사건건 조선에 간섭하던 청나라와 호시탐탐 조선을 노리던 일본이 조선에서의 주도권을 두고 부딪친 것이죠. 10개월간 이어진 전쟁은 일본의 승리로 끝이 납니다.

청나라의 영향력은 약해졌지만 전쟁의 승자인 일본은 조선을 가만두지 않았습니다. 광산을 개발하고 전기를 설치할 권리를 달라고 하는 것은 물론, 조선 조정에 일본인을 배치해 내정을 간섭하려고도 했지요. 고종과 명성황후도 가만히 있지만은 않았습니다. 여러 열강의 힘을 빌려 일본을 쫓아내려 했습니다. 고종은 미국의 도움을 받고 싶었지만 미국은 너무 멀리 있었지요. 그래서 우리나라와 가깝고 일본보다 강한 나라인 러시아의 힘을 빌리려 했습니다.

고종과 명성황후의 노력을 눈치챈 일본은 러시아의 개입을 막기 위해 천인공노할 짓을 저지릅니다. 1895년 10월 8일 새벽, 경복궁에 쳐들어가 명성황후를 칼로 찌르고 불태워 시해한 것이죠. 이러한 명성황후 시해 사건을 을미년에 일어난 참변이라 하여 을미사변이라 부릅니다. 조선의 궁궐에서 조선의 국모를 처참하게 살해하다니, 그야말로 충격적인 만행을 저지른 것입니다.

고종 입장에서는 집에 강도가 들어와 아내를 살해한 셈이니 얼마나 기가 막혔을까요. 그런데 고종은 그 집을 떠날 수도 없었습니다. 경복궁에 꼼짝없이 갇혀 친일파 관료와 일본의 감시 속에서 공포에 떨 수밖에 없는 신세였지요.

이때 이완용은 그와 친분이 있던 미국공사관으로 재빨리 피신해 있었습니다. 그동안 그도 고종과 명성황후 곁에서 일본을 배척하고 러시아, 미국과 친하게 지냈던 탓에 목숨이 위험했기 때문입니다. 공사관은 치외법권 지역이라 일본의 힘이 미치지 못하니 그곳으로 간 것이지요.

당시 미국에 붙었던 이완용에게 고종의 입지를 뒤흔들고 위협하는 일본은 적이나 마찬가지였습니다. 그는 일본이 장악한 경복궁에서 고종을 구출할 작전을 세웠습니다. 그가 피신해 있던 미국공사관으로 고종을 도피시키려 한 것이죠. 당시 주한 미국공사는 친미파였던 이완용에게 매우 호의적이었고, 이완용은 이 기회를 잘 이용해 고종 곁에서 계속 승승장구하기를 바랐습니다. 조선의 최고 권력자인 고종을 구출해내면 자신의 정치적 입지를 더 공고히 다질 수 있을 거라고 생각했겠지요.

이완용은 30여 명의 행동대를 이끌고 궁으로 갔습니다. 하지만 고종 구출 작전은 사전에 발각되어 실패로 돌아갔습니다. 이완용은 포기하지 않고 미국 선교사를 통해 고종과 연락하며 다음 기회를 노렸습니다.

그리고 1896년 2월 11일, 이완용 등 친러파의 계획대로 고종은 결국 도피에 성공합니다. 다만 처음의 계획과 달리 미국공사관이 아니라 러시아공사관에 도착했지요. 이 사건이 바로 왕이 일본군의 위협을 피해 러시아공사관으로 옮겨간 사건, 아관파천俄館播遷입니다. '파천'은 왕이 도성을 떠나 다른 곳으로 피신하는 일을 뜻하고, '아관'은 러시아공사관을 가리킵니다. 당시 조선은 러시아를 아라사俄羅斯라고 불렀기 때문에 러시아공사관을 아라사공사관, 줄여서 아관이라고 했지요.

러시아와 접점이 없었던 이완용이 아관파천을 주도할 수 있었던 까닭은 특별한 네트워크 덕분이었습니다. 그가 정동구락부에 소속되어 있었기 때문이지요. 정동구락부는 외국 공사관이 많은 정동을 중심으로 만들어진 서구 외교관들의 사교 친목 모임이었습니다. 서구 열강의 힘을 빌려 일본의 침략을 막으려 했던 고종은 남모르게 정동구락부에 힘을 실어주었고, 정동구락부에서 미국, 러시아와 가까이 지냈던 이들이 이완용과 함께 고종 구출 작전을 실행한 것입니다.

아관파천의 성공으로 이완용은 하루아침에 감투를 3개나 쓰게 되었습니다. 오늘날 외교부 장관에 해당하는 외부대신으로서 교육부 장관에 해당하는 학부

서울 구 러시아공사관 서울시 정동에 위치한 구 러시아공사관. 한국전쟁으로 파괴되어 탑과 지하2층만 남았었으나, 1973년에 복구했다. 문화재청 제공.

대신, 농축산부와 산통부 장관에 해당하는 농상공부대신 직무대리까지 겸임하게 되었지요. 자신의 바람대로 고종의 최측근 관료로서 우뚝 서게 된 것입니다.

일본은 러시아공사관으로 피신한 고종을 계속 압박했습니다. 조선 백성들이 보는 신문에 "자신의 궁궐을 떠나 외국 열강에게 보호를 요청한 국왕을 폐위해야 한다"는 내용의 글을 싣기도 했지요. 나라가 어려운 상황에 이런 기사가 나오니 백성들은 불안할 수밖에 없었을 것입니다.

고종은 민심을 달래기 위해 이완용에게 이 사태를 수습하라고 명령했습니다. 이완용은 즉시 신문사에 엄중히 경고하고, 일본공사관에도 선동성 기사를 싣지 않도록 조치했습니다. 대표적인 친일파로 알려진 그이지만, 이때까지만 해도 일본을 미워하고 경계했던 것입니다.

쫓겨난 이완용,
하나둘 밝혀지는 실체

이완용에게 있어 고종과 조선의 부강함은 곧 자신의 부강함이었습니다. 그는 고종을 위해서라면 최선을 다했고, 고종 또한 이완용을 신임했습니다. 그러나 이런 두 사람 사이도 금이 가고 말았으니 고종의 명령을 듣지 않았다는 이유로 이완용이 중앙 정계에서 쫓겨난 것입니다.

아관파천으로 자신의 공사관에서 고종을 보호하던 러시아는 조선 정부에 압력을 가해 광산 채굴권을 차지하려 했습니다. 고종은 이완용에게 러시아가 조선에서 금광을 채굴할 수 있도록 허가해 주라고 명했지요. 그런데 당시 외부대신이었던 이완용은 미국 등과 금광 채굴권에 대해 협상 중이었습니다. 고종의 말을 들으면 협상은 불리해질 것이 뻔했지요. 결국 이완용은 고종의 명령을 거부했고, 러시아의 눈치를 봐야 했던 고종의 입장은 난처해졌습니다. 러시아는 이완용을 내치라고 고종을 압박했습니다. 고종은 그 압박에 못 이겨 결국 이완용을 지방 관찰사로 쫓아냈지요.

그런데 고종의 최측근으로 승승장구하던 이완용의 사회적 명망이 추락하자 그 실체가 낱낱이 드러나게 됩니다. 1898년, 신문에 이완용이 자신의 사리사욕을 채우기 위해 나라의 이권을 해외에 팔아먹은 사실이 실린 것입니다. 1895년 학부대신 시절, 나라가 어려워 해외에 돈을 빌리게 되자 그 일부를 빼돌려 자신의 주머니를 채우고, 그다음 해에 외부대신을 맡았을 때는 5만 달러를 받고 자신의 정치적 기반인 미국에 철도 부설권을 넘겼다는 이야기도 있었습니다. 이것이 끝이 아닙니다. 이완용의 커리어를 뒤흔들 엄청난 횡령 스캔들마저 터져 나왔습니다. 전북 관찰사로 새롭게 부임한 이완용이 세금 20만 냥을 횡령했다는 혐의로 조사를 받게 된 것입니다.

이완용은 혐의를 부인했지만, 이 사건으로 인해 그의 평판은 바닥을 쳤습니다. 고종도 이완용을 아예 관직에서 파면시켜버리기에 이르지요. 왕의 신임을 한 몸에 받던 이완용이 하루아침에 백수가 된 것입니다. 하지만 그는 경성 주변을 떠나지 않았습니다. 다시 중앙 정계로 나아갈 기회를 호시탐탐 노렸지요.

그러는 동안 조선에는 큰 변화가 있었습니다. 1897년 2월, 러시아공사관으로 몸을 피했던 고종이 다시 덕수궁으로 돌아갑니다. 그리고 우리나라가 자주국임을 세계에 알리기 위해 대한제국을 선포하죠. 고종은 스스로 조선의 왕이 아닌 대한제국의 황제가 되었습니다.

러일전쟁의 발발
커져가는 일본의 손아귀

이완용이 파면을 당해 정계를 떠나고 약 3년의 시간이 지난 1904년 2월, 한반도는 물론이고 세계의 역사를 뒤바꿔놓은 사건이 일어납니다. 대한제국을 노리던 러시아와 일본이 전쟁을 일으킨 것입니다. 청일전쟁에 이어 러일전쟁으로 또다시 한반도는 어지러운 전쟁터가 되었습니다.

청나라는 조선을 속국이라 여기며 일본에게 빼앗기지 않으려 했습니다. 일본은 청일전쟁 이전부터 한반도를 발판 삼아 중국과 만주를 침략할 계획을 세웠고요. 러시아 또한 남하정책을 위해 전략적으로 조선을 넘봤습니다. 이들 중 어느 한 나라가 조선에 군대를 파견하면 다른 나라에서도 군대를 보냈습니다. 그러다 보니 걸핏하면 조선 땅이 전쟁터로 변했던 것입니다.

청일전쟁 이후 조선에 대한 야욕을 더욱 키운 일본과 아관파천 이후로 조선의 일에 사사건건 참견하는 러시아. 계속되는 두 나라의 간섭에서 벗어나기 위해 고종은 미국과 친한 이완용을 다시 찾았습니다. 러일전쟁으로 맞은 위기를 미국의 도움으로 해결하려한 것이지요.

1904년 11월, 이완용은 3년 7개월 만에 중앙 정계로 돌아옵니다. 지금으로 치면 대통령비서실 보좌관인 궁내부의 특진관으로 임명되었으니, 그야말로 화려한 복귀였습니다. 이완용 입장에서는 이제 다시 내 세상이 왔다 싶었겠지요. 그런데 그는 겨우 3개월 만에 해임되고 맙니다. 이완용의 정치 활동을 반대하는 세력이 있었기 때문입니다. 그들은 바로 당시 고종 옆에서 대한제국 정치를 좌지우지하던 친일파들이었습니다.

러일전쟁이 시작되자 일본은 대한제국을 손에 넣기 위해 발 빠르게 움직였습니다. 1904년 2월에 고종을 협박해서 일본군에 편의를 제공한다는 내용의 '한일의정서'를 체결하는가 하면, 같은 해

8월에는 전쟁 이후 대한제국 정부에 외국인 고문을 고용하도록 강제하는 '고문용빙에 관한 협정서'도 맺지요. 대한제국은 이 의정서와 협정서로 인해 일본에 군사 협력을 해야 했고, 외교마저 자유롭게 할 수 없었습니다. 일본은 조선 땅에서 서서히 영향력을 키워갔습니다.

친일파들은 이완용이 친러파일 것이라고 생각해 그를 경계했습니다. 일본은 러시아와 전쟁 중이었고, 고종을 러시아공사관으로 피신시켰던 인물이 바로 이완용이었으니까요. 그래서 고종을 압박해 이완용을 다시 내쫓은 것입니다. 이완용이 얻은 정계 복귀의 기회는 친일파와 일본 공사에 의해 날아가는 듯했습니다.

1905년 9월, 러일전쟁은 일본의 승리로 끝이 납니다. 승자가 된 일본은 러시아와의 강화조약으로 대한제국의 정치, 군사, 경제적 우월권을 얻어내지요. 심지어 대한제국을 지도하고 보호하며 감독할 수 있는 권리까지 챙깁니다. 러시아는 대한제국에서 물러나고, 한반도는 완전히 일본 세상이 되었습니다.

고종은 측근 세력을 동원해서 끝까지 미국에 지원을 호소하려 했습니다. 러시아와 일본을 상호 견제시키려 했고, 미국에 원조도 요청했지요. 이완용은 이 모든 상황을 예의주시하고 있었습니다. 그런 와중에 고종이 신임하던 신하가 일본에 납치되는 충격적인 사건이 벌어집니다. 일본의 침략에 끝까지 맞섰다는 이유로 납치를 당한 것입니다. 일본에 등을 돌리면 아무리 직책이 높아도 목숨을 위협받게 되는 상황이었습니다.

게다가 이완용의 후원 세력이었던 미국마저 밀약을 맺고 일본을 지원하는 쪽으로 노선을 바꾸고 있었습니다. 모든 힘의 균형이 일본으로 기울어가는 것을 보며 이완용은 무슨 생각을 했을까요? 이완용은 황급히 이하영을 찾아갔습니다. 법부대신 이하영은 이완용과 함께 미국에서 근무한 동료이자 일찍이 친일파로 돌아선 인물이었습니다. 이완용은 이하영에게 일본공사관에 다리를 놓아달라고 부탁했고, 그 결과 일본 공사의 추천을 받아 학부대신이 되었습니다. 자신이 그토록 적대했던 일본 편에 붙은 것입니다. 러일전쟁 이후 쓰러져가는 국운을 지켜보던 이완용은 그렇게 친일파가 되었습니다.

이토 히로부미, 을사늑약을 강요하다

일본이 러일전쟁에서 승리한 후 2개월이 지난 1905년 11월 9일. 일왕의 특사가 경성에 도착했습니다. 특사는 일본의 초대 총리대신 이토 히로부미였습니다. 그는 대한제국 황실 위문을 명목으로 경성에 왔지만, 진짜 목적은 따로 있었습니다. 일본이 대한제국의 외교권을 차지한다고 국제적으로 공표하는 조약을 체결하는 것이었지요. 일본의 침략 계획이 본격적으로 시작된 것입니다.

이토는 11월 10일에 일왕의 친서를 고종에게 전달했습니다. 여기에는 동양의 평화와 조선 황실의 안녕을 위해 대한제국의 외교는 일본이 맡겠다는 내용이 적혀 있었습니다. 조선의 외교권 때문에 자꾸 전쟁이 발발하니 자기들이 관리하겠다는 뜻이었지요. 일본의 침략을 정당화하는 억지 논리를 펼친 것으로, 이 굴욕적인 친서를 받은 고종은 이토와의 만남을 거부합니다.

이토 히로부미

하지만 오래 버티기는 힘들었던 듯합니다. 5일이 지난 11월 15일, 고종과 이토는 통역관을 대동하고 독대합니다. 이 자리에서 이토는 고종에게 문서 하나를 내밀었습니다. 대한제국에 일본 정부의 대표자인 통감을 두고, 통감에게 나라의 외교권을 넘기라는 것이었지요. 외교권은 다른 나라의 간섭을 받지 않고 외국과 교류할 수 있는 권리입니다. 외교권이 없으면 독립적인 나라로서의 권리를 잃고, 일본의 보호국이라는 명목 아래 일본이 바라는 대로 움직이는 허수아비가 될 수밖에 없었지요. 이처럼 말도 안 되는 내용을 담은 조약이 바로 을사늑약입니다.

이토는 고종에게 말했습니다.

"승낙하든 거부하든 마음대로 하십시오. 그러나 만일 거부한다면 그 결과가 어찌 될 것인지 생각하셔야 합니다."

자신들의 말을 따르지 않으면 보복하겠다는 의미였지요. 을사늑약을 거부하면 조약의 내용보다 더욱 불리한 상황을 맞게 될 거라는 말도 했습니다. 일개 관료가 한 나라의 황제를 협박했던 것입니다. 을사늑약에 찬성할 수 없었던 고종은 무려 3시간 반에 걸쳐 이토와 설전을 벌였습니다. 하지만 이토는 고종의 말을 전혀 듣지 않았습니다. 고종은 대신과 백성의 뜻을 고려해야 한다는 이유로 결정을 미루며 자리를 벗어날 수밖에 없었습니다.

이틀 뒤인 11월 17일, 고종은 어전회의에서 대신들과 이 사안을 논의했습니다. 이 회의를 주도한 대신은 다름 아닌 이완용이었습니다.

긴 회의 끝에 고종과 대신들은 이토에게 이렇게 말하기로 결정했습니다.

"체결은 불가하다."

을사늑약은 절대 체결할 수 없으니 반대하자고 뜻을 모았던 것입니다. 이완용도 다른 말을 하지 않았습니다. 속으로는 찬성했어도 고종 앞에서 공개적으로 자신의 생각을 밝히기는 어려웠겠지요. 대신 만일 허락하게 된다면 이에 대한 대책을 미리 강구해야 한다는 의견을 냈습니다. 조약의 문구라도 수정하여 협상의 여지를 만들어야 한다면서 말이죠. 이는 고종과 대신들의 반대를 누그러뜨리고 조약 체결의 명분을 확보하기 위한 것이었습니다.

회의 결과는 바로 이토 히로부미의 귀에 들어갔습니다. 이토는 곧바로 헌병 사령관과 군사령부 부관을 끌고 궁으로 쳐들어와 고종을 만나려 했지요. 고종은 아프다는 핑계를 대며 이토를 피했습니다. 대신들과 협상해서 조약의 내용을 처리하라고만 했지요. 을사늑약 체결을 최대한 미루려는 의도였습니다. 고종의 마음을 눈치챈 이토는 그날 안에 조약을 체결하기로 마음먹고, 대신들이 모여 있던 덕수궁 중명전으로 향했습니다.

을사늑약 체결과
을사오적의 탄생

8시가 채 되지 않은 시간, 중명전에는 아직 주요 대신들이 머물고 있었습니다. 모여 있던 대신들은 총칼을 들고 갑자기 들이닥친 헌병들을 보고 깜짝 놀랐습니다. 부랴부랴 중명전을 나가려던 대신들을 헌병대가 막아서고, 회의장으로 밀어 넣어버렸죠. 대신들이 회의장을 나가려 하면 앞을 막아섰습니다. 궁궐 곳곳에는 일본 경찰 헌병대들이 늘어서 있었고, 서울 시내에도 대포와 기관총을 갖춘 중무장 부대가 배치되었습니다. 조선 말기 문신인 정교가 고종이 즉위한 1864년부터 대한제국이 망한 1910년까지의 역사를 기술한 《대한계년사》에는 이날의 분위기가 어땠는지 적혀 있습니다.

> "총칼이 늘어서 철통과 같고 내정부 및 궁중에도 일부 병사가 배치되어 그 공갈의 기세는 말로 형용하기 어려웠다."
>
> 《대한계년사》

이날 밤 꼼짝없이 회의장에 갇힌 이들은 참정대신 한규설, 외부대신 박제순, 탁지부대신 민영기, 법부대신 이하영, 학부대신 이완용, 군부대신 이근택, 농상공부대신 권중현, 내부대신 이지용까지 모두 8명이었습니다.

이토 히로부미는 이들을 차례로 부르며 의견을 물었습니다.

"참정대신은 어전에서 뭐라고 했는가?"

가장 먼저 질문을 들은 한규설은 이렇게 답했습니다.

"나는 반대한다고 말했소!"

이토 히로부미는 박제순에게도 똑같이 물었습니다. 박제순이 답했습니다.

"어찌 감히 찬성한다고 할 수 있겠는가? 하지만 폐하의 명령이라면 어쩔 수 없지 않은가."

박제순이 이러지도 저러지도 못한다며 말꼬리를 흐리자 이토는

8명의 대신

"외부대신은 찬성하는 편이다!"라고 말했지요. 강력히 반대하지
않았으니 찬성이라는 것이었습니다.

이어지는 이토의 물음에 민영기는 절대 반대를 외쳤고, 이하영
은 정세를 운운하며 확답을 피했습니다. 이토는 '민영기는 반대,
이하영은 찬성'이라며 또다시 제멋대로 결정했습니다. 8명의 대신
중 2명은 찬성, 2명은 반대가 된 상황이었습니다.

이때, 이토의 시선이 이완용에게 향했습니다. 이완용은 아주 당연하다는 듯 이렇게 말했습니다.

"국력이 약한 우리가 일본의 요구를 거절할 수는 없다. 체결하는 것이 좋다."

이게 무슨 말입니까? 일본의 요구에 찬성한다니요? 이 대답을 들은 이토 히로부미는 무척 흡족해했습니다. 이완용의 강력한 주장에 휩쓸린 다른 3명의 대신들도 찬성표를 던졌습니다. 결국 8명의 대신 중 5명이 찬성한 것입니다. 어전회의에서는 분명 을사늑약 체결을 반대하기로 했는데, 막상 펼쳐진 상황은 약속과 달랐습니다.

회의 중간에 한규설은 당장 고종에게 이 사실을 알리겠다며 자리를 박차고 일어났습니다. 그런데 너무 격분해서였을까요? 몇 발자국 걷지 못하고 복도에서 기절하고 말았지요. 일본공사관은 쓰러진 한규설을 독방에 끌고 가서 찬물을 끼얹은 뒤 밀실에 가뒀습니다. 이 사태를 알지 못했던 다른 대신들은 한규설이 일본의 헌병 경찰들에게 해코지를 당한 줄 알고 두려움에 떨면서 서둘러 논의를 마무리합니다. 이토는 과반수가 찬성을 했다며 고종의 허락도 없이 조약을 통과시키지요. 뒤늦게 정신을 차리고 조약 체결 소식을 들은 한규설은 참담한 마음에 하염없이 눈물을 흘렸다고 합니다.

이토는 일본군에게 외부대신 직인을 훔쳐 오라고 명령한 뒤 조약문에 도장을 찍습니다. 이날 을사늑약에 찬성하고 사인한 5명의 대신이 바로 을사오적乙巳五賊입니다. 이완용, 권중현, 이근택, 박제

순, 이지용. 이들이 바로 대한제국을 일본에 바친 이들이지요. 8명
의 대신 중 끝까지 조약 체결에 반대한 사람은 단 1명, 지금의 부총
리 격인 참정대신 한규설뿐이었습니다.

　1905년 11월 18일 새벽 1시가 넘었을 때, 이토는 대한제국 대신
들의 찬성을 빌미로 조약 체결을 선포했습니다. 대한제국은 황제
가 모든 것을 결정하는 나라이고, 고종이 대신들에게 관련 사항을
일임하였으므로 대신들의 합의는 조약 체결에 동의한 것과 같다
는 주장이었습니다. 을사늑약은 무력을 동원한 강압적인 분위기
에서 비준 절차조차 없이 체결한 것으로 국제법을 위반한 협약이

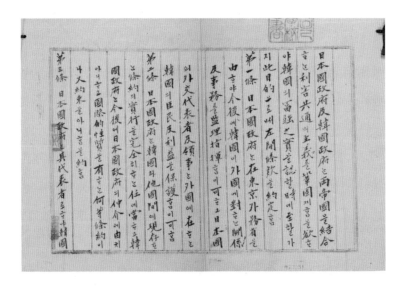

을사늑약 체결서 서울대학교 규장각한국학연구원 소장

었지만, 회의장 안의 대신들과 고종은 이토의 주장을 거부하지 못 했습니다.

을사늑약 체결로 대한제국은 외교권을 완전히 박탈당했습니다. 고종은 몇 시간이나 눈물을 흘리다가 피까지 토했지요. 궁궐 내에 서는 더 할 수 있는 일이 없다고 생각했는지 각 지방에 의병을 일 으키라는 밀지를 내리기도 했습니다.

민중들도 격분했습니다. 조약 파기를 외치며 황궁 앞으로 몰려 들었지요. 이때 민중의 분노를 더욱 끓어오르게 만드는 글이 퍼졌 으니, 교과서에도 나오는 유명한 글, 〈시일야방성대곡是日也放聲大哭〉 입니다.

1905년 11월 20일 《황성신문》에 실린 장지연의 논설 〈시일야방 성대곡〉은 '이날에 목 놓아 운다'는 의미입니다. 장지연은 이 글에 서 을사늑약의 내용을 폭로하고 이토 히로부미와 을사오적을 규 탄하며 비통한 심정을 토로했습니다.

다음은 이 논설의 한 부분입니다.

"저 개돼지만도 못한 소위 우리 정부의 대신이란 자들은 자기 일신의 영달과 이익이나 바라면서 위협에 겁먹어 머뭇대거나 벌 벌 떨며 나라를 팔아먹는 도적이 되기를 감수했던 것이다!

원통하고 원통하다. 동포여! 동포여!"

글쓴이의 울분이 고스란히 느껴지지 않습니까? 사람들은 이 글 을 읽고 함께 통탄하며 분개했습니다. 을사오적을 향한 비난은 점

《황성신문》에 실린 〈시일야방성대곡〉 국립중앙도서관 제공

점 거세졌고, 그들을 처벌하라는 상소가 빗발쳤지요. 이에 이완용
은 변명 상소문을 올렸습니다. 자신을 비난하는 사람들은 어리석
으며, 외교 문제만 잠시 일본에 맡겼을 뿐이니 문제가 없다는 내용
이었습니다.

> "새 조약의 주된 취지에 대해 말하자면, 독립이라는 칭호가 바뀌지
> 않았고 제국이라는 명칭도 그대로이며 종묘사직은 안녕하고 황실
> 도 존엄합니다. 다만 외교상의 한 가지 문제만 잠시 이웃나라에 맡
> 긴 것인데, 우리가 부강해지면 되찾을 날이 있을 것입니다."
>
> — 이완용이 올린 상소문

그러나 현실은 이완용의 말과 달랐습니다. 을사늑약 체결 직후 일본이 가장 먼저 한 일은 통감부를 설치하는 것이었습니다. 통감부는 대한제국의 외교뿐 아니라 모든 분야를 제멋대로 간섭하고 감독하는 실질적 통치기관이 되었습니다.

1906년 3월, 통감부로 온 초대 통감은 을사늑약 체결을 강요했던 이토 히로부미였습니다. 이완용은 새로운 내각제의 총리대신으로 임명됐지요. 많은 경제적 이권을 챙길 수 있는 광산사무국 총재 자리도 받았습니다. 지위와 재력을 손에 쥐게 된 것입니다.

"어떤 난관에도 좌절하지 않고, 한국을 일본에 병합시키겠습니다!"

이완용은 이토에게 충성을 맹세하면서 이렇게 말했습니다. 철저하게 대한제국을 일본에 바치겠다는 말이었습니다. 이토는 이완용을 의지가 강하고 용기 있는 자라고 평가하며 절대적으로 신임했습니다.

고종을 끌어내린 이완용, 이완용을 처단하려는 의인들

을사늑약을 그대로 받아들일 수 없었던 고종은 조약의 부당함을 알리고 이를 파기하기 위해 1907년 네덜란드에서 열린 만국평

화회의에 특사들을 보냅니다. 이준과 이상설, 이위종은 비밀리에 네덜란드 헤이그로 떠났지만, 일본의 방해로 본 회의장에 들어가지도 못했습니다. 을사늑약을 무효화하려던 고종의 노력은 완전한 실패로 끝나고 만 것입니다.

크게 분노한 이토는 이 일을 빌미로 고종을 쫓아낼 계획을 세웁니다. 그는 자신의 충직한 부하였던 이완용을 불러 고종에게 헤이그 특사 사건을 수습할 방법을 전하라고 명령하는데, 그 방법이란 고종이 황제 자리에서 물러나고 일본으로 가서 일왕에게 직접 사과하라는 것이었습니다.

말도 안 되는 요구였지만, 이완용은 이토의 요구를 거리낌 없이 고종에게 전달합니다. 고종이 거절하자, 이렇게 소리치기까지 했지요.

"폐하께서는 지금이 어떤 세상이라고 생각하십니까?"

한때 고종이 총애하고 고종을 보필했던 대신 이완용은 이제 일본 편에 서서 고종의 목숨을 위협하는 적이 되었습니다. 아마 이완용은 자기 때문에 고종과 황실이 유지되고 있다고 생각했을 것입니다. "폐하의 목숨과 황실을 보존하고 싶으면 아무것도 하지 말고 가만히 계세요"라는 말을 하고 싶었는지도 모르지요. 고종은 이완용을 흘겨볼 뿐, 아무것도 할 수 없었습니다. 결국 고종은 황위를 넘겨야 했고, 아들인 순종이 다음 날부터 고종의 대리를 맡게 되었습니다.

고종까지 폐위시킨 이완용은 거칠 것이 없었습니다. 이토는 한밤중에 조용히 이완용을 불러 문서 하나를 건넵니다. 문서에 적힌 것은 '정미7조약'으로, 일본 통감부가 대한제국의 모든 것을 지배하겠다는 내용이었습니다. 조약이 체결되면 대한제국의 외교뿐 아니라 내정까지 일본이 마음대로 주무를 수 있게 되는 것이었지요. 이완용은 자신이 대한제국의 전권을 가진 책임자라며 그 문서에 바로 도장을 찍었습니다.

사람들은 조선을 팔아넘기고 최고의 권세를 누리게 된 이완용을 개에 비유하며 조롱했습니다. 이완용의 집 담벼락은 온갖 욕설과 분뇨로 더럽혀졌고, 시위대의 방화로 집 전체가 불에 타기도 했습니다. 일본이 이완용의 신변을 보호하지 않을 수 없는 정도였던 것이지요.

나라를 판 매국노와 일본에 대한 민중의 분노는 걷잡을 수 없이 커졌습니다. 1909년 10월에는 이완용이 충성을 맹세했던 이토 히로부미가 하얼빈에서 총에 맞고 그 자리에서 사망하지요. 그에게 총부리를 겨눈 인물은 안중근 의사였습니다. 이토의 죽음을 애도하던 이완용 또한 두 달 뒤 명동 한복판에서 칼에 맞아 생사를 오가게 되었습니다. 당시 신문을 보면 "리총리가 칼마져"라는 제목의 기사가 있습니다. 총리인 이완용이 칼에 찔렸다는 뜻입니다.

이완용의 목숨을 노린 청년의 이름은 이재명으로, 그는 이완용의 어깨와 허리, 신장, 폐를 찔렀습니다. 이완용은 동맥이 잘려 엄

《대한매일신보》에 실린 이완용 습격 기사(1909년 12월 23일) 국립중앙도서관 제공

청난 피를 쏟았습니다. 하지만 친일매국 관료 중 가장 높은 자리에 있는 사람이었던 만큼 당대 최고의 의료진에게 수술을 받고 살아남았지요. 퇴원한 뒤에는 요양까지 떠났다고 합니다. 이렇듯 죽음의 문턱까지 갔다 왔지만, 이완용은 변하지 않았습니다. 오히려 이 사건을 계기로 매국 행위에 더욱 전념하게 되었습니다.

국권 상실의 날, 경술국치의 비극

1910년 6월, 일본에서는 사망한 이토 히로부미를 대신해 새로

운 통감을 보냅니다. 총리대신으로 복귀한 이완용은 칼에 맞은 상처가 완전히 낫기도 전에 통감부로 달려가 새 통감을 맞이합니다. 8월 16일, 데라우치 통감은 이완용을 비밀리에 통감관저로 불러 한일병합조약의 초안을 보여줍니다. 그로부터 이틀 뒤인 8월 18일, 이완용 내각은 조약 내용에 합의를 보았습니다.

초안이 제시되고 일주일도 지나지 않은 8월 22일, 거리에는 일본 헌병들이 배치되고, 순종 앞에서 형식적인 어전회의가 개최된 끝에 한일병합 안건은 결의되고 그날 '한일강제병합조약韓日强制併合條約'은 조인됩니다. 일본과 우리나라를 하나로 만들겠다는 치욕적인 조약이었습니다.

"한국 황제 폐하는 한국의 모든 일에 관한 일체의 통치권을 완전하고 영구히 일본 황제 폐하에게 양여한다."

한일강제병합조약 제1조의 내용입니다. 말 그대로 나라를 통째로 넘긴다는 의미이지요. 이 조약은 놀랍게도 이완용이 먼저 일본에 제의한 것이었습니다. 이완용의 적극적인 병합 제안에 훗날 일본은 이렇게 말했습니다. "그물 속으로 물고기가 뛰어 들어온 기분이었다."

이 사건을 '경술국치庚戌國恥'라고 부릅니다. 경술년에 당한 나라의 수치라는 뜻입니다. 이로써 이완용은 일본의 침략 계획에 마침표를 찍는 막대한 공을 세웠고, 우리 역사에는 용서할 수 없는 매국노로 남았습니다.

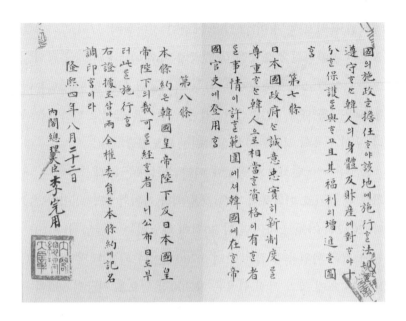

한일병합조약 체결서 일제가 대한제국을 완전한 식민지로 만들기 위해 제안한 조약의 체결서. 왼쪽 하단 도장 위에 내각 총리대신 이완용이라는 이름이 써 있다. 서울대학교 규장각 한국학연구원 소장.

한일강제병합조약이 공식적으로 공포된 8월 29일, 500여 년을 이어온 조선 왕조는 막을 내리게 되었습니다. 이로써 우리나라는 국권을 상실하고 35년간 일제의 식민 지배 아래에 놓이게 됩니다. 우리 국민들은 나라를 잃었고, 우리 땅은 일본의 식민지로 전락했습니다. 통감부는 조선총독부로 바뀌었고요. 우리나라 역사상 가장 참담하고 괴로운 시대, 일제강점기의 시작이었습니다.

이완용에게는 세 가지의 매국 타이틀이 있습니다. 을사늑약을

체결한 을사오적, 정미7조약을 체결한 정미칠적, 그리고 나라를
완전히 팔아넘긴 경술국적! 경술국치 이후 이완용의 매국 행위는
더욱 다양하고 집요해졌지요. 그는 아이들이 어릴 때부터 일본어
를 배우도록 했고,《이순신전》같은 위인전을 금서로 만들었습니
다. 우리 민족의 정신까지 말살하려는 의도였습니다.

일본은 매국인사들의 공로에 따라 작위와 돈을 내렸습니다. 나
라를 판 대가로 이완용이 받은 것은 백작 작위와 15만 원이었습니
다. 2022년 가치로 따지면 약 30억에 해당하는 거금입니다. 1913
년에 지은 이완용의 집은 무려 3,700평이나 되는 대저택이었고,
1920년 초에 그가 가진 현금은 약 300만 원으로 지금의 600억에
이르는 금액이었지요. 그가 소유한 부동산의 크기가 여의도의 7.7
배에 달했다고 하니 이완용이 얼마나 막대한 부와 권력을 누렸는
지 알 수 있습니다.

당시 이완용의 별명은 '조선 제일 현금 부자'였습니다. 이완용은
나라와 민족을 판 대가로 돈을 쓸어 모으며 죽을 때까지 반역자라
는 손가락질을 당했습니다. 하지만 그는 죽기 직전까지도 자신의
죄를 뉘우치지 않았다고 합니다.

죽는 날까지 부귀영화를 누렸던 이완용은 1926년 69세의 나이
로 세상을 떠났습니다. 1,300명의 조문객이 참여한 가운데 성대한
장례식이 치러졌습니다. 이완용이 죽은 뒤 신문 사설에는 "팔아서
안 될 것을 팔아서 누리지 못할 것을 누린 자"라는 글이 실렸습니

다. 팔아서는 안 되는 나라를 팔아 누려서는 안 될 영화를 누렸다는 의미였지요. 대한제국 사람들은 이완용을 미워했고, 그의 죽음을 조롱했습니다.

오랜 시간이 흐른 지금도 이완용은 친일파의 대명사로 여전히 비난받고 있습니다. 그에 대한 평가는 변하지 않을 것입니다. 파렴치한 매국노, 나라를 팔아넘긴 대역죄인으로 영원히 기억되겠지요. 사는 동안에는 죗값을 피했을지 몰라도 앞으로 계속될 역사의 심판만은 피할 수 없다는 것을 우리는 이완용을 통해 다시금 깨닫게 됩니다.

7장

벌거벗은 조선어학회

박용규(민족문제연구소 연구위원)

조선어학회는
어떻게 우리말을 지켜냈나

1930년대 후반, 조선의 한 중학교에서 학생들이 교사 앞에 엎드려 매를 맞고 있었습니다. 다달이 내는 수업료를 내지 못한 학생들이었지요. 모진 매질을 견디던 학생들 중 한 명이 결국 더는 버티지 못하고 외마디 비명을 지르며 넘어지고 말았습니다. 그러자, 교실이 쥐 죽은 듯 조용해지면서 긴장감이 흐르기 시작했습니다. 넘어진 학생은 겁에 질린 표정으로 교사에게 연신 죄송하다고 말했지요. 교사는 별다른 말 없이 학생에게 일어나라고 하고는, 학생의 따귀를 사정없이 내리쳤습니다. 학생이 넘어지면서 "엄마야!"라고 외쳤기 때문입니다.

고작 이 말 한 마디 때문에 따귀를 맞아야 한다니, 너무 가혹한 처사 아닌가요? 하지만 1930년대 후반은 우리말을 썼다는 이유만으로도 처벌받는 시대였습니다. 학교에서도 조선말 사용이 금지되었죠. 무심결에 튀어나온 말을 듣고 학교에서 조선어가 금지된 게 대체 언제냐면서 교사가 학생의 뺨까지 때린 것도 그런 이유에서였습니다.

학교에서 조선말을 가르치지 못한다면, 국어 시간에는 무엇을 배웠을까요? 오늘날 초등학교에 해당하는 당시 보통학교에서 사용한 국어 교과서를 보면 일본어가 가득합니다. 1910년, 일본에 나라의 주권을 빼앗긴 이후로 조선의 국어는 조선어가 아닌 일본어가 되었기 때문입니다. 그래서 국어 시간에 일본어를 배운 것이죠.

일본의 식민 지배를 받아야 했던 일제강점기, 일제는 주권뿐만

 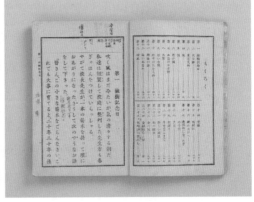

국어독본 일제강점기의 초등교육기관인 보통학교의 일본어 교과서. '국어독본'이라 이름 붙어 있지만 책 안에는 그림과 일본어 문장이 인쇄되어 있다. 국립민속박물관 제공.

아니라 우리의 말과 글까지 빼앗고 철저하게 짓밟았습니다. 가혹한 탄압 아래에서 누구도 마음대로 우리말을 사용할 수 없었죠. 그러나 우리는 우리말을 잃지 않았습니다. 식민 지배를 경험한 세계의 많은 나라가 자신들의 언어를 잃어버린 것과 비교하면 놀라운 일이지요.

조선은 어떻게 우리말을 지켰을까요? 목숨 걸고 우리말과 글을 지켜낸 사람들은 누구일까요? 35년 일제 치하에서 우리말을 수호하기 위해 조선인들이 흘렸던 피와 눈물, 그 고통스러운 진실과 안타까운 사연을 벗겨보겠습니다.

우리글에 이름을 붙여준 한글의 아버지 주시경

일본어와 일문이 국어와 국문의 자리를 대신하게 되자, 우리 국어와 국문에는 새로운 이름이 필요하게 되었습니다. 그래서 우리글을 가르키는 고유 명칭 '한글'이 탄생하게 되었지요. '우리나라 글'을 뜻하는 '한나라 글'을 줄여서 '한글'이라고 칭하기 시작했는데, 후에 '하나', '크다', '바르다'라는 의미가 더해졌습니다.

물론 그 이전에도 우리글은 존재했지만 '한글'이라는 이름은 없었습니다. 세종대왕이 한글을 창제해 우리 글자를 만들었지만 그

주시경

때는 훈민정음이라 불렀지요. 이렇게 우리의 글에 한글이라는 이름을 붙여준 사람은 국어학자 주시경입니다.

황해도의 넉넉하지 않은 집안에서 태어난 주시경은 12살 무렵 서울에 있는 큰아버지집에 양자로 들어가게 됩니다. 그리고 서당에서 한문을 배우게 되지요. 훈민정음이 반포된 지 400여 년이 지났음에도 사람들은 여전히 한자를 더 많이 쓰고 있었습니다. 그 당시의 서당 공부는 유교경전을 읽고 해석하는 것이었는데, 한문을 한 줄 읽고 나서 우리말로 풀이하는 방식이었다고 합니다. 우리말 설명을 듣지 않으면 글자와 문장의 뜻을 파악할 수 없었기 때문이었죠.

다른 학생들은 이런 수업 방식에 의문을 품지 않았지만 주시경은 달랐습니다. 왜 쉬운 우리말을 두고 어려운 한자를 사용해야 하는지 의문을 품었죠. 우리 글자를 사용한다면 더 많은 사람이 글을 깨우칠 것이라 생각한 주시경은 우리말 연구에 뛰어듭니다. 역설적이게도 한문을 배우면서 우리말과 글에 관심을 갖게 된 것이죠.

1907년, 주시경은 국어강습소를 설립해 조선의 청소년들에게 한글을 가르칩니다. 이때 가르친 제자들과 함께 국어를 연구할 목적으로 1908년에 '국어연구학회'라는 학술단체도 만들지요. 하지

만 학회를 만들고 얼마 되지 않아 문제
가 생깁니다. 1910년 경술국치로 인해
일제에 나라를 빼앗기게 된 것입니다.

우리말을 '국어'라고 할 수 없게 되
자 학회 이름부터 바꿔야 했습니다. '국
어연구학회'는 순우리말을 이용해 '배
달말글몯음'으로 바뀌었다가 1913년
에 '한글모'로 바뀌게 됩니다. 이때 우
리글의 이름, '한글'이 탄생했습니다.

이름을 짓기는 했지만 그 이름이 바
로 민간에 보급된 것은 아닙니다. 시
나브로 알려지던 한글이라는 이름이
널리 퍼지게 된 것은 10여 년이 지난
1927년 창간된 잡지 《한글》 덕분이었

《한글》 창간호 1927년 2월 8일 창간된
학술잡지. 〈세종어제 훈민정음원본〉, 〈세
종대왕과 훈민정음〉, 〈우리 한글의 세계문
자상 지위〉 등의 글이 게재되었다. 국한문
혼용체의 한글을 세로쓰기하였고, 띄어쓰
기를 일부 지켰다. 국립한글박물관 제공.

습니다. 《한글》에 실린 창간사를 살펴보면 훈민정음을 대신하여
우리 글을 이제는 한글이라 부르겠다고 분명하게 밝힙니다.

"《한글》이 나왔다. 《한글》이 나왔다. 훈민정음의 아들로 나왔으며
이천삼백만 민중의 동무로 나왔다."

-《한글》 창간사 〈첨 내는 말〉

우리가 사용하는 한글이라는 이름이 지어진 지 얼마 되지 않았다는 게 참 놀랍죠? 이렇듯 한글이라는 이름은 일제의 식민 지배 시절, 국어를 국어라 부르지 못하고 국문을 국문이라 부르지 못하는 시대적 아픔 속에서 태어난 유산이기도 합니다.

최초의 우리말 사전
말모이

한글의 아버지 주시경은 우리글에 이름을 붙여주었지만, 그것으로 만족하지 않았습니다. 그에게는 더 간절한 소망이 있었습니다. 바로 우리말 사전을 만드는 것이었죠. 이때까지만 해도 조선에는 우리말을 우리글로 풀어낸 사전이 없었습니다. 외국인 선교사들이 조선어를 프랑스어나 영어로 설명하기 위해 만든 한불자전과 한영자전이 전부였지요.

주시경은 일제가 일본어를 국어로 강요하고 사용하도록 탄압하는 상황에서 언제라도 우리말이 사라질 수 있다는 위기감을 느꼈습니다. "말이 오르면 나라도 오르고, 말이 내리면 나라도 내린다"라고 말한 그는 말과 나라의 운명을 하나로 봤습니다. 특히 사전은 언어를 사용하는 공동체의 역사와 문화, 생활방식이 녹아 있는 문명의 보고이니 민족의식이 담길 수밖에 없겠지요. 우리 언어를 지키기 위해 그 누구보다 고민한 주시경은 그래서 한시 바삐 사전 편찬이 이루어져야 한다고 생각했습니다.

경술국치 다음 해인 1911년, 주시경은 제자들과 함께 조선어사전 편찬을 계획합니다. 이 사전이 우리나라 최초의 우리말 사전이 되었는데, 그 이름은 '말모이'입니다. 말모이는 '말을 모아 만든 것'이라는 의미로, 오늘날 사전을 의미하는 순우리말이기도 합니다.

우리말을 지키겠다는 커다란 사명감을 품은 주시경의 사전 편찬 계획은 무탈하게 완수되었을까요? 안타깝게도 이 사업은 불과 4년 만에 중단되고 맙니다. 우리말 사전을 꼭 완성해내겠다는 목표에 온 마음과 힘을 쏟아낸 탓일까요? 1914년, 주시경이 39살의 젊은 나이로 돌연 사망했기 때문입니다.

물론 주시경의 죽음 이후에도 제자들은 계속해서 사전 편찬 작업을 재개하려 시도했습니다. 하지만 번번이 실패하고 말았지요. 무엇이 문제였을까요? 두 가지 큰 장벽이 있었습니다. 첫 번째 이유는 주시경처럼 모두를 이끌어나갈 주축이 될 만한 사람이 없었다는 것입니다. 두 번째는 경비

말모이 원고 '알기', '본문', '찾기', '자획찾기'의 네 부분으로 구성되었다. 정식 출간되지는 못했으나 국어사전으로서의 체계를 갖추어 우리 민족의 독자적인 사전 편찬 역량을 보여주는 자료다. 국립한글박물관 제공.

부족이었지요. 사전 편찬은 길게는 수십 년간 이어지는 장기 프로젝트인데, 이 작업에 필요한 비용을 구하는 데에 어려움을 겪었습니다. 결국 주시경의 죽음 이후 사전 편찬은 침체기를 맞고 말았습니다.

사전 편찬에 불씨를 붙인 이극로

주시경이 사망한 지 15년이 흐른 1929년. 일제의 탄압 아래 우리의 말과 글이 점점 잊혀가는 듯했던 그때, 사전 편찬 작업이 다시 한번 활기를 띠게 됩니다. 주축이 된 단체는 '조선어연구회'였습니다. 주시경의 뜻을 이은 제자들이 활동을 중단한 '한글모'의 이름을 고쳐 1921년에 재건한 단체이지요. 언어학자와 교사가 주축인 지식인 모임으로, 이들이 앞서 이야기한 《한글》을 창간하기도 했습니다.

조선어연구회는 조선어사전 편찬에 재시동을 걸었습니다. 여기에 당시로서는 보기 드문 유학파 출신 이극로가 불씨를 지폈지요. 이극로는 나라를 부강하게 만들겠다는 일념으로 독일 베를린대학에서 주경야독하여 경제학 박사 학위를 취득한 엘리트였습니다.

그는 유럽에서 유학 생활을 하며 영국의 지배를 받는 아일랜드의 상황을 직접 목격했습니다. 아일랜드인들은 모국어인 게일어 대신 영어를 공용어로 사용했고, 간판이나 도로 표지판 등도 모두 영어로 표기해야 했습니다. 이 모습을 본 이극로의 머릿속에는 일본어를 사용하는 조선의 모습이 스쳐 지나가지 않았을까요? 이대로라면 조선어 역시 사라지고 말 것이라는 생각에 정신이 번쩍 들었겠죠. 그래서 모국어를 지키는 일에 평생을 바칠 것을 결심하고 귀국하면 꼭 조선어사전을 만들겠다고 다짐했을 것입니다.

1929년 1월, 조선으로 귀국한 이극로는 곧바로 조선어연구회에 찾아가 활동을 시작했습니다. 어찌나 열심이었는지 물불을 가리지 않는다고 해서 별명이 '물불'일 정도였죠. 이극로는 열정 못지않게 수완도 좋았는데, 그 덕분에 조선어연구회는 오랜 기간 걱정거리였던 문제 하나를 덜게 되었습니다. 사전 편찬이 번번이 실패했던 이유, 바로 비용 문제였지요.

이극로

이극로는 비용 문제를 해결하기 위해 조선 사회 각계의 명망 높은 인물들을 찾아갔습니다. 그리고 조선어사전 편찬을 향한 지지와 협력을 구했지요. 그 결과 1929년 10월 31일, 조선어연구회가 중심이 되고 거기에 정치, 사회, 교육, 문화, 언론 등 다방면의 인사 108명이 모인 '조선어사전편찬회'가 만들어집니다. 각계각층의 인사들이 모인 만큼 언론과 사회의 관심이 집중됐습니다. 자연스럽게 후원의 손길들도 이어졌고요. 사전 편찬의 취지에 공감하며 필요한 비용을 기부하는 사람들이 많아진 것이지요. 덕분에 조선어연구회의 사전 편찬은 순항할 수 있었습니다.

그런데 한 가지 궁금한 점이 생깁니다. 이극로와 조선어연구회가 이렇게 활발하게 활동했는데 일본은 왜 방해하지 않았을까요? 이는 일본의 통치 방식이 변했기 때문입니다.

1910년 식민 지배를 시작한 일본은 교사들도 칼을 차고 학교 수업에 들어가는 '무단통치'를 하다가 1919년 3·1운동을 맞이합니다. 너무 강압적으로 통치하면 조선인들이 폭발한다는 것을 깨달은 일본은 '문화통치'로 노선을 변경합니다. 무자비한 탄압의 수위를 낮추고 언론과 집회, 출판의 자유도 제한적으로나마 허용했지요. 이런 흐름 속에서, 조선어연구회가 사전 편찬회를 만들기는 했지만 아직 사전을 출간한 것은 아니니 학술단체로 지켜보자는 입장이었던 듯합니다.

그러나 방해 공작이 전혀 없었던 것은 아닙니다. 조선어연구회 활동을 허용하는 대신 같은 이름을 사용하는 어용단체를 조직해 혼란을 주었지요. 이 때문에 조선어연구회는 1931년 조선어학회로 이름을 바꾸고 본격적인 사전 편찬에 나섰습니다.

조선의 말을 모두 모아라!
조선어 표준말 모음

사전을 편찬할 때 가장 먼저 해야 할 일은 무엇일까요? 아무래도 사전에 등재할 말들을 정하는 일이 가장 시급하겠지요. 그러려면 그 사회에서 사용하는 어휘를 모두 모으는 작업이 필요할 것입니다.

조선어학회도 어휘를 모으는 일부터 시작했습니다. 그런데 문제가 있었으니, 조선에서 쓰는 말이 너무 많았다는 것입니다. 같은 뜻을 지닌 단어도 지역마다 다르게 사용되고 있었지요. 바로 사투리들이었습니다. 현대사회에서는 교통과 미디어가 발달해 사투리를 접할 기회가 많지만, 일제강점기 때는 그렇지 않았습니다. 다른 지역에 가는 일도 드물었고, 일상어를 사용하는 방송도 적었지요. 이 때문에 지역마다 쓰는 말이 매우 달라 소통이 어려울 정도였다고 합니다.

인터넷의 도움도 구할 수 없었던 그때, 전국 팔도의 사투리를 모아야 하는 이 과제를 조선어학회는 어떻게 해결했을까요? 회원들 중에 학교 선생님이 많은 점을 십분 활용합니다. 학생들의 도움을 받기로 한 것이죠. 서울에서 학교를 다니지만 방학 때 고향으로 돌아가는 중등학교 이상 학생들에게 자신의 지역에서 사용하는 방언을 수집해 오라고 숙제를 준 것입니다. 학생들이 고향의 방언을 꼼꼼하게 기록할 수 있도록 공책도 나눠주지요. 수집할 어휘를 체계적으로 분류해 펴낸 공책, '시골말 캐기 잡책'입니다.

금광을 캐듯이 전국에서 시골말을 캐겠다는 의지가 제목에서부터 느껴집니다. 잡책은 여러 가지 잡다한 것을 적는 공책을 뜻하는 말입니다. 그렇다고 너무 잡다해서도 안 되니 공책 안에 조사해 올 방언들도 꼼꼼하게 정리해서 나눠주었습니다. 이렇게 학생들의 도움을 받아 조선어학회는 전국 팔도의 다양한 사투리를 모았습니다.

이뿐만 아니라 1935년부터는《한글》에 방언 수집 광고를 게재했습니다. 이를 보고 많은 사람들이 투고했는데, 한 투고 글에는 "조선어사전 편집자에게 백분지 일이라도 도움이 된다면, 이 뒤에

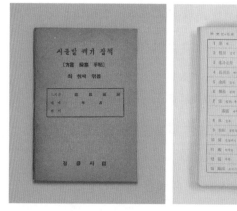

시골말 캐기 잡책 국어학자 최현배가 시골말의 이해를 돕기 위해 엮어 발행한 국어학 서적. 초판은 1936년에 발행되었다. 국립한글박물관 제공.

도 힘 있는 데까지 이어 적어드리려 합니다"라는 간절한 마음도 담겨 있었지요. 자신이 하는 일이 우리말 사전을 만드는 데 도움이 된다는, 또 궁극적으로 우리 민족을 위한 행동이라는 믿음으로 열과 성을 다한 것입니다. 이렇듯 조선어사전 편찬 작업은 조선어학회가 주도했지만 전 조선인이 참여한 민족의 대업이었다고 볼 수 있습니다.

이로써 조선어학회는 1931년부터 약 5년간 무려 만 개 이상의 단어를 모았습니다. 하지만 아직도 갈 길은 구만리였습니다. 전국의 말을 모아놓고 보니 한 가지 사물도 일컫는 말이 여러 개라 그중 어떤 말을 표제어로 삼아야 할지 저마다 의견이 달랐던 것입니다. 당시 조선어학회 회원들의 고뇌가 얼마나 깊었던지, 회의 내용이 신문에까지 실릴 정도였습니다.

장시간 토론을 유발한 주제 중 하나는 '개가 낳은 자식'의 표준어는 무엇으로 해야 하는가였습니다. 최종 후보는 '강아지'와 '개새끼'였지요. 다수결로 정하기로 하고, 사회자가 거수를 진행했습니다.

"여러분, 먼저 강아지부터 손을 드시오."

강아지를 지지하는 사람들이 손을 들었습니다.

"이번에는 개새끼 손드시오."

개새끼를 주장하는 사람들이 손을 들었습니다.

그런데 한 사람이 어느 쪽에 손을 들었는지 아리송했습니다. 그래서 사회자가 물었지요.

"선생은 강아지지요?"

그러자 그가 대답했습니다.

"아니요, 나는 개새끼요."

본인은 후자에 투표했다는 말이었지만, 엄숙하던 회의장은 웃음바다가 되었습니다. 이 에피소드는 재미있기도 하지만, 낱말 하나도 허투루 다루지 않았던 조선어학회의 회의 모습을 짐작해볼 수 있는 사례이기도 합니다.

무엇 하나 쉬운 것이 없었지만, 조선어학회는 큰 회의를 여러 번 거친 뒤《(사정한)조선어 표준말 모음》을 완성합니다. 조선말 중에

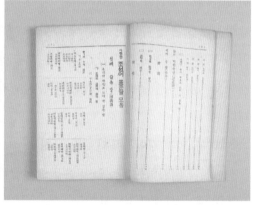

조선어 표준말 모음 조선어학회는 1933년 〈한글 맞춤법 통일안〉을 제정했다. 이후 1935년 1월부터 1936년 7월까지 세 차례의 독회를 거쳐 표준말 사정査定을 끝냈고, 1936년 10월 28일에《(사정한)조선어 표준말 모음》을 공표했다. 이 책에 널리 쓰이는 어휘 9,547개를 선정했다. 국립한글박물관 제공.

서 무엇을 표준어로 사용할지 정해 발표한 표준어 어휘집이지요. 예를 들어 오늘날의 '가시'를 뜻하는 가스랑이, 가스렁이, 까치랑이, 까치렁이 중에서 '가스랑이' 하나만을 표준어로 삼겠다고 명문화한 것입니다. 우리나라 역사상 최초로 전국 각지에서 제멋대로 쓰이던 우리말을 체계적으로 정리해 표준어를 정한 것이니 엄청난 업적이지요. 정리한 표준어에 뜻풀이가 더해지면 사전이 될 수 있으니 사전 편찬에 성큼 다가간 것입니다.

일제의 의심을 받는
조선어학회

1936년 10월 28일, 조선어학회는 완성한 《(사정한)조선어 표준말 모음》을 공표하기로 합니다. 우리나라 최초의 표준어를 발표하는 역사적인 순간이었습니다. 이 의미 깊은 행사의 축사는 독립운동가 안창호가 맡았지요. 안창호는 3·1운동 이후 상해로 건너가 상해 대한민국임시정부의 요직에서 활동한 인물입니다. 그 과정에서 독립운동과 연관되었다는 이유로 일제로부터 실형을 받아 3년간 복역해야 했지요. 당시 안창호는 가석방 상태였는데, 이극로는 그런 안창호에게 조선어학회 행사의 축사를 부탁했습니다.

행사 당일, 조선어학회 회원들은 기대에 찬 눈으로 마이크 앞에

안창호

선 안창호를 바라봤습니다. 곧 축사가 시작됐습니다.

"조선 민족은 조상으로부터 계승해 온 모든 것을 잃고 결국은 국가까지 잃어버렸다. 다만 조선어만은 보유한 상태이므로 이것의 보급 발달에 힘쓰지 않으면 안 된다."

우리 민족에게 남은 것은 조선어뿐이기 때문에, 조선어 연구와 보급이 너무나도 중요하다는 말이었습니다. 안창호는 그 역할을 하고 있는 조선어학회 회원들에게 감사 인사를 전했지요.

인내와 끈기를 요구하는 지루한 작업을 끊임없이 반복해야 했던 조선어학회 회원들에게 그간의 고생을 위로하는 말이었을 것입니다. 다시 한번 우리말을 지켜야 한다는 사명감에 타올랐겠지요.

그런데 그 순간, 사방에서 달려 나온 일제 경찰들이 행사를 중단시켰습니다. 그리고 조선어학회 대표를 맡고 있던 이극로에게 다음 날 경찰서로 출두하라는 명령을 내리지요. 요주의 인물인 안창호가 행사의 축사를 맡자 의심했던 것입니다. 게다가 축사의 내용이 나라는 뺏겼지만, 우리말은 지켜야 한다는 민족어의 중요성을 강조하는 내용이었으니 더욱 심기가 불편했을 것입니다. 이 사건으로 조선어학회는 학술단체로 인식되었던 과거와 달리 민족주의적 활동을 하는 단체로 의심을 받게 됩니다. 학자들이 무슨 일을 할 수 있겠냐는 생각으로 대수롭지 않게 여기던 일제가 조선어학회를 철저히 감시할 필요성을 느끼고 매서운 눈으로 주시하기 시작한 것이지요.

다음 날, 이극로는 조선어학회 대표로 종로경찰서에 출두합니다. 이극로를 취조하는 형사는 잔뜩 격앙된 목소리로 말했습니다.

"그대의 사상이 의심스럽다. 독립운동가인 안창호에게 축사를 청하여 불온한 말을 할 기회를 준 것은 용서할 수 없는 처사다."

그리고 독립운동가에게 축사를 청한 이유가 무엇이냐며 이극로를 끈질기게 추궁했습니다. 이극로는 잘못된 행동을 했다며 납작 엎드렸습니다.

"잘못했습니다. 지금이 어느 때라고 대일본 제국을 두고 딴 생각을 하겠습니까?"

이극로는 본심을 감춘 채 싹싹 빌면서 조선어학회가 하는 일은 다른 나라 학술단체들과 마찬가지로 학문 연구일 뿐이라고 설명했습니다.

아마 조선어학회 사람들은 사전 편찬을 위해서라면 죽는 시늉이라도 하자고 결의했던 것 같아요. 그들은 조선어학회가 학술단체라는 점을 강조하면서 일제가 강요하는 국방헌금, 신사참배, 근로봉사 같은 굴욕적인 요구들도 수락했지요. 사전 편찬이라는 궁극적인 목표를 위해서 걸림돌이 될 만한 행동은 의식적으로 피했던 것입니다. 특히 대외업무를 맡고 있던 이극로는 항일단체가 아닌 척 친일 세력의 거두와도 친분을 유지하며 그들을 바람막이로 이용하기도 했습니다.

마음에도 없는 말과 행동은 나라 없는 백성이 감수해야 했던 설움과 굴욕이었습니다. 조선어학회 회원들은 우리말과 한글을 지키기 위해 이런 굴욕까지 참아냈던 것이지요. 그리고 이런 위장 전술 덕분에, 일제는 조선어학회의 활동이 거슬려도 꼬투리를 잡기가 쉽지 않았습니다.

이번에도 이극로는 재발 방지만을 약속하고 풀려납니다. 일제로서도 안창호를 불렀다는 이유 하나만으로 조선어학회를 독립운동 단체로 몰아붙이기엔 근거가 부족했겠지요. 하지만 의심의 눈초리는 거두지 않았습니다. 일제 형사들은 조선어학회 회원들을 요주의 인물로 보고 감시하면서 매일같이 조선어학회 사무실을 드나들기 시작했습니다.

조선어학회의 운명을 바꾼
중학생의 일기장

조선어학회를 감시하는 일제와 꼬투리를 잡히지 않으려는 조선어학회의 팽팽한 줄다리기는 몇 년 동안이나 계속됐습니다. 조선어학회는 단체를 지키기 위해 일제가 남산에 세워놓은 조선신궁에 끌려 나가 참배를 올리고, 일제가 강요한 대로 국민정신 총동원 연맹이라는 친일단체에 들어가기까지 했지요.

다행히 수모와 굴욕을 견디는 동안, 사전 원고는 점점 완성되어 갔습니다. 조선어학회는 16만 조선어 어휘를 모아 뜻풀이를 하였고, 1942년 봄부터 원고 일부를 대동출판사에 넘겨 조판하게 했습니다. 사전 편찬까지 얼마 남지 않았다는 생각 하나로 조선어학회는 버티고 또 버텼을 것입니다. 그러나 이런 눈물겨운 노력에도 불구하고 조선어학회는 일제에 발목을 잡히게 됩니다. 게다가 사건의 발단은 아주 엉뚱한 데서 터져 나왔지요.

사건은 1942년 3월, 함경남도의 한 기차역 대합실에서 일어났습니다. 한복 차림에 모자를 눌러 쓴 청년 박병엽이 친구를 기다리고 있었지요. 그는 기차에서 내리는 승객들을 검문하기 위해 나온 일제 형사와 맞닥뜨립니다. 한복 차림의 박병엽을 수상쩍게 여긴 형사는 기분 나쁜 말투로 박병엽에게 이름을 물었습니다.

박병엽도 퉁명스럽게 받아쳤지요.

"나는 박병엽이오."

그런데 이 짧은 대답 때문에 사달이 나고 맙니다. 일제는 우리 민족의 정체성을 말살하기 위해 조선어를 못 쓰게 하는 것뿐만 아니라 성과 이름까지 일본식으로 바꾸게 강제했습니다. '일본식 성명 강요'가 이루어지고 있었지요. 그런데 이 박병엽이라는 청년이 조선말로, 조선 이름을 댔으니 형사는 그를 대일본 제국에 반항하는 불온한 조선인으로 여겼습니다. 박병엽에게 본때를 보여주기 위해 일제 형사는 즉시 그를 경찰서로 연행해 신상을 캐물었습니다. 그리고 며칠 후, 가택 수사까지 나섰지요. 범죄 혐의도 없는 사람의 집을 수색하다니, 뭐라도 찾아내서 꼬투리를 삼으려 한 것입니다.

아니나 다를까, 박병엽의 집에 찾아간 형사들은 집을 완전히 뒤집어놓았습니다. 그와 관련된 물건이란 물건은 모두 이 잡듯 샅샅이 뒤졌지요. 꼬투리가 될 만한 것은 나오지 않았지만 형사들은 포기하지 않았습니다. 박병엽의 중학생 조카, 박영희의 물건까지 뒤진 것입니다. 중학생 물건에 뭐 그리 대단한 것이 있겠냐만은 형사들은 서랍에서 일기장 두 권을 챙겨갑니다. 그리고 거기에서 무언가를 찾아내죠.

"오늘 국어를 썼다가 선생님한테 단단히 꾸지람을 들었다."

– 박영희 일기장

무려 2년 전 일기장에서 이 문장을 발견해낸 것입니다. 이때의 국어는 일본어였으니, 형사는 일본어를 사용한 기특한 학생을 혼낸 문제의 선생을 잡아들여야겠다고 생각했을 것입니다. 그래서 일제는 이 일을 꼬투리 삼기 시작했습니다. 박영희뿐만 아니라 일기장에 자주 등장하는 동급생들까지 연행해 취조하기 시작했지요. 두려움에 떨던 어린 학생들은 일본어가 아닌 조선어를 썼다가 선생님에게 혼난 거라고 이실직고하고 맙니다. 그러자 형사는 조선어를 국어로 생각하도록 학생들에게 민족의식을 심은 교사가 누구인지 말하라고 닦달했지요. 결국 박영희와 학생들은 '정태진'이라는 이름을 말해버립니다.

정태진, 그는 조선어학회 회원이었습니다. 일기가 쓰였던 2년 전에 함경남도 함흥 지역의 학교에서 교사로 일하다가 학교에서 조선어 사용이 금지되자 학교를 떠났지요. 그 후 조선어학회에 들어가 사전 편찬 작업을 하고 있었던 것입니다. 정태진의 신상을 파악한 형사들은 '이거다!' 싶었을지도 모릅니다. 그들은 경성에 있던 정태진에게 지금 당장 함경남도 경찰서에 증인으로 출석하라고 연락했습니다.

1942년 10월 1일
조선어학회 사건

1942년 9월 5일, 정태진은 경성에서 함경남도로 먼 길을 나섭니다. 그리고 도착한 함경남도 홍원경찰서에서 자신이 증인이 아니라 피의자 신분이라는 것을 알고 깜짝 놀라죠. 그의 혐의는 치안유지법 위반. 일제가 독립운동가들에게 흔히 뒤집어씌우는 혐의였습니다.

일제 형사들은 학생들에게 조선인이라는 민족의식을 심어주고, 조선어학회에서 사전을 만드는 정태진이 독립운동가에 준하는 위험인물이라고 봤습니다. 정태진을 심문하기도 전부터 조선어학회를 민족주의 단체로 규정한 것이죠. 그래서 정태진을 홍원경찰서로 부른 바로 그날, 조선어학회 사무실을 급습해 이극로의 책상에 있던 편지들을 검열하고 해외 독립운동가와의 연결 고리까지 발견해냅니다. 이로써 일제가 안창호의 축사 사건 이후 조선어학회를 독립운동단체로 여겼다는 정황이 드러납니다.

결국 정태진은 20여 일 동안 내리 고문을 받습니다. 일제 형사들이 정태진에게서 듣고 싶었던 말은 정해져 있었습니다. 바로 조선어학회가 독립운동 단체라는 자백이었지요. 계속되는 고문에 초주검이 된 정태진은 그들이 원하는 말을 내뱉고 맙니다. 조선어학회가 독립을 원하는 민족주의 단체라고 말이죠. 드디어 호시탐탐 조선어학회를 노리던 일제 형사들은 꼬투리를 잡게 되었습니다.

정태진이 잡혀간 지 26일이 지난 1942년 10월 1일, 그날도 어김없이 조선어학회 회원들은 막바지에 이른 사전 편찬 작업으로 밤늦게까지 일하고 있었습니다. 손 하나가 귀한 이때에 정태진의 부재로 일거리는 더욱 늘어난 상태였죠. 새벽녘이 되어서야 겨우 퇴근하는 그들을 기다린 것은 다름 아닌 일제 형사들이었습니다. 그들은 조선어학회 회원들을 부지불식간에 잡아들였지요. 이날 하루 동안 검거된 조선어학회 회원들은 이극로를 포함해 총 11명. 조선어사전을 만드는 핵심 인물들이었습니다.

일제가 노렸던 것은 조선어학회 회원뿐이었을까요? 아니었습니다. 그들은 완성을 코앞에 둔 사전 원고도 빼앗아 갔습니다. 사전 관련 자료와 조선어학회 회원들의 일기장, 이극로의 수첩까지 모조리 압수해 갔지요. 그리고 이는 시작에 불과했습니다.

일제 형사들은 이극로의 수첩과 압수한 자료에서 후원자들의 명단을 찾았습니다. 그리고 명단에 이름 올린 사람들을 잡기 위해 전국을 이 잡듯 수색했지요. 그 결과 첫 검거가 이루어진 1942년 10월 1일부터 1943년 4월 1일까지 조선어학회와 관련된 33명을 잡아들입니다.

사전을 편찬하던 조선어학회 회원들과 후원의 손길을 보탰던 전국 각지의 관계자들은 박영희의 일기장이 발견된 함경남도의 홍원경찰서로 압송되었습니다. 그리고 이곳에서 모진 고문에 시달렸습니다. 이렇다 할 증거가 없었던 일제는 원하는 내용을 자백받을 때까지, 정태진에게 한 것처럼 가혹하게 고문했지요. 회원들이 고문당하던 중 기절이라도 하면 주사를 놓고 약을 먹였습니다. 자백을 받으려면 죽어서는 안 되었기 때문입니다. 이런 극악무도한 짓을 되풀이하면서도 일제 형사들은 눈 하나 깜빡하지 않았습니다. 반복되는 고문 끝에 조선어학회 회원들은 너 나 할 것 없이

반쯤은 넋이 나갔습니다. 형사가 "사실이지?"라고 물으면 의지와
상관없이 절로 고개가 끄덕여졌다고 합니다.

> "형사들은 조서를 받다가 조금만 말이 엇갈리면 무조건 달려들어
> 마구 때리는데 한 번 맞고 나면 한 보름씩 말을 못 했다. 애산은 이
> 때 앞니 두 개가 빠지고 어금니는 온통 욱신거리고 흔들렸다. 몽둥
> 이건 죽도건 손에 잡히는 대로 후려갈기니 양쪽 귀가 찢어졌다."
> ― '조선어학회 사건 연루자 명비'에 적힌 이인 선생 옥중 고문기

　사건을 취조한 홍원경찰서는 사전 편찬에 직접 가담했거나 재
정적 보조를 한 사람 및 기타 협력한 33명을 모두 치안유지법의
내란죄로 몰았습니다. 그리고 이중 이극로, 이윤재, 최현배, 이희
승, 정태진, 이인 등 16명은 검사에 의해 기소되었고, 12명은 기소
유예되었지요. 기소된 사람들은 함흥형무소 미결감에 수감되었습
니다.
　모진 고문과 더불어 조선어학회 회원들을 더욱 고통스럽게 한
것은 함경도의 추운 날씨였습니다. 북쪽에 위치해 가뜩이나 추운
지역인데, 설상가상으로 1943년에서 1944년으로 넘어가는 겨울
에는 유례없이 매서운 추위가 찾아왔지요. 조선어학회 회원들은
형무소에 갇혀 고문 후유증과 배고픔, 추위에 시달려야 했습니다.
그리고 이를 버티지 못한 이윤재와 한징, 두 사람이 옥중에서 숨을

거두고 말았지요.

검사들이 조선어학회 회원들을 기소한 죄목은 내란죄로, 이는 일제의 통치를 반대하며 그 근본을 뒤엎고자 폭동을 일으킨 사람에게 적용되는 죄였습니다. 사형까지도 선고될 수 있는, 가장 처벌 수위가 높은 항목이었지요. 조선으로 따지면 역모나 마찬가지라고 볼 수 있습니다. 당시에는 총칼로 무장투쟁하는 독립운동가들에게 주로 내려지는 죄목이었습니다. 그런데 한글을 연구하던 학자들에게 내란죄라니요? 무엇보다 조선어학회 회원들은 물리적인 힘을 사용한 적이 없었습니다. 이는 조선어학회의 활동에 비해 너무 무거운 죄목이었습니다. 억울하고 충격적이었지만 달리 어찌할 방도가 없었지요. 그저 하루아침에 중죄인의 신분이 된 것을 받아들여야만 했습니다.

기소된 사람들이 겪어야 하는 시련은 또 있었습니다. 일제 형사들에게 잡혀 와 오랜 시간 모진 고문을 당했음에도, 재판이 한 차례도 열리지 않은 것입니다. 재판을 받고 형이 확정되어야 이 고통스럽고 힘겨운 시간이 언제 끝날지라도 알 텐데, 아무리 기다려도 재판 일정은 감감무소식이었습니다.

이는 오늘날에는 없는 예심이라는 제도 때문에 가능한 일이었습니다. 당시에는 본 재판에 앞서 예심판사가 사건을 먼저 살펴보는 과정이 있었는데, 이는 일제 치하에서 조선인들을 핍박하는 또다른 수법이었습니다. 예심 과정 중에는 검사와 형사가 피의자를 기한 없이 붙잡아둘 수 있었고, 이때 작성한 조서나 진술은 본 재판에서 중요한 증거로 사용되었거든요. 결국 조선어학회 회원들은 언제 풀려날지 기약할 수 없는 암담한 상태에서, 일제가 원하는 대답을 할 때까지 잔혹한 고문을 당할 수밖에 없었습니다.

마침내 약 2년이 지난 1944년 12월 말에 열린 첫 공판을 시작으로 1945년 1월 16일까지 9번에 걸친 공판 끝에 최종 판결이 나왔습니다. 결과는 어땠을까요? 당연하게도 모두 유죄였습니다. 6년의 징역형을 받은 이극로를 포함해 5명은 실형을 살게 되었고, 다른 회원들도 징역과 집행유예를 선고받았지요.

실형을 선고받은 이들은 재판부의 판결을 도저히 납득할 수 없었습니다. 모국의 말로 사전을 만드는 게 어떻게 내란죄가 될 수 있는지, 이해할 수도 받아들일 수도 없었지요. 그들은 상위 법원인 경성고등법원에 재심을 신청했습니다. 재심을 하면 1심 판결보다 낮은 형량을 받는 것이 일반적이었으니 지나치게 높게 나온 1심 판결의 형량을 조금이라도 줄여보고자 한 것이지요. 가망이 없다는 걸 알면서도 억울함을 감출 수 없었던 탓도 컸습니다.

하지만 회원들은 재심을 신청하고도 반년이 지나도록 아무런 소식을 듣지 못한 채 형무소에 갇혀 있어야 했습니다. 재심은 한두 달이면 끝날 것이라는 변호인의 말과 달리, 신청 후 7개월이 지나서야 판결이 확정되었기 때문이죠. 초조하게 재심 결과를 기다리던 1945년 8월 13일, 그들은 다시 한번 유죄 선고를 받고 맙니다.

일제 재판부가 재심을 받아들이지 않고 1심 판결대로 형량을 확정했기 때문이죠. 조선어학회의 활동을 언어 독립운동이라고 판단하고 심각하게 받아들인 것이 그 이유였습니다.

어쩌면 그때 조선어학회 회원들은 체념했을지도 모릅니다. 살아서 형무소 밖을 나가는 건 불가능하다고 말이죠. 몇 년간 불철주야 노력해서 만든 사전 원고도 빼앗기고 내란죄를 적용받아 높은 형량을 받았으니, 희망을 잃고 낙심하는 것이 어찌 보면 당연한 일이었을 것입니다.

광복으로 자유를 되찾은 언어 독립운동가들

하늘이 무너져도 솟아날 구멍은 정말 있는 걸까요? 재심 판결을 받고 이틀 뒤인 1945년 8월 15일, 우리나라는 광복을 맞이합니다. 그리고 8월 17일, 함흥형무소에 수감됐던 조선어학회 회원들은 석방됩니다. 지옥 같은 옥살이와 죽음의 공포로 짓눌려 있던 그들에게 살아서 옥문을 나갈 수 있다는 건 상상할 수 없을 정도로 기쁜 일이었습니다.

드디어 형무소 밖으로 모습을 드러낸 조선어학회 회원들. 그러나 기쁜 마음과 달리 그들의 모습은 처참하기 그지없었습니다. 영양실조와 피부병으로 드러난 팔다리는 미라와 다를 바 없었고 온몸에 멍든 자국과 고문의 흔적까지 역력했지요. 오랜 고문으로 몸이 상해 제 발로 걸어 나올 수 있는 사람은 아무도 없었습니다. 대부분이 부축을 받고서야 겨우 형무소 밖으로 나설 수 있었고, 심지어 이극로는 들것에 실려 나왔습니다.

참혹한 모습으로 석방된 조선어학회 회원들은 몸을 추스르기도 전에 사전 원고를 찾아 나섭니다. 광복도 맞이했으니, 이제 하루빨리 사전을 편찬해야겠다 싶었던 것입니다. 그런데 조선어학회 사무실을 아무리 뒤져도 원고의 흔적은 찾을 수 없었습니다. 1942년, 일제 형사들에게 검거될 때 원고도 함께 빼앗겼는데 갑자기 광복을 맞으며 사전 원고의 행방이 묘연해지고 만 것이죠. 1929년부터 1942년까지, 수많은 사람들의 노력으로 만든 사전의 초안 원고를 찾지 못하면 그 힘든 여정을 처음부터 다시 해야 했습니다. 자그마치 13년간의 노력이 물거품이 될 위기에 놓였던 것이죠. 조선어학회 회원들은 사전 원고를 찾아 백방으로 수소문했지만 원고의 행방은 좀처럼 찾을 수 없었습니다.

그런데 1945년 9월 8일, 조선어학회 사무실로 한 통의 전화가 걸려옵니다. 지금은 서울역이라 불리는, 경성역의 역장으로부터 온 전화였지요.

"경성역 창고에 조선말을 풀이한 원고 뭉치가 한 무더기 있소. 와서 확인해보시오."

창고에 조선말을 풀이한 원고가 있다니, 그토록 찾아 헤매던 사전 원고였습니다. 경성역 창고에 400자 원고지 2만 6,500여 장 분량의 원고가 고스란히 보관되어 있던 것입니다. 조선어학회 사람들은 자신들과 함께 옥살이를 한 조선의 말과 글을 되찾고, 환희를 감추지 못했습니다. 사전 원고를 되찾은 게 얼마나 대단한 일이었던지, 신문 기사까지 실릴 정도였죠.

원고가 뜻밖의 장소인 경성역 창고에서 발견된 것은 조선어학회 회원들이 재판에 불복해서 낸 재심 요청 덕분이었습니다. 1945년 1월,

《자유신문》에 실린 원고 발견 기사(1945년 10월 6일) "사람따라 말까지 옥살이. 창고에 갇혔던 우리 사전, 천일하에 해방된 원고. 조선어학회 일동의 대환희"라는 기사 제목으로 조선어학회가 사전 원고를 되찾은 일을 보도했다. 국립중앙도서관 제공.

함흥지방법원의 재판 결과에 불복해 경성고등법원에 상고했기 때문에 증거 자료인 사전 원고가 함흥에서 경성고등법원으로 이송되었습니다.

그런데 재판이 진행되던 중 전쟁에서 패한 일제는 미처 원고를 챙길 정신이 없었고, 이 때문에 원고는 경성역 창고에 방치된 채 잊혀졌다가 결과적으로 안전하게 조선어학회에 돌아오게 된 것입

니다. 이기기 어려워 보였던 일제와의 법정 투쟁에 끝까지 대항했던 노력이 결국 사전 원고를 지켜내는 결과를 가져온 것이죠. 3년간 모진 옥살이와 시련을 견뎌낸 조선어학회 회원들과 사전 원고 모두, 광복 후 제자리로 돌아오게 되었습니다.

조선말 큰사전 세상의 빛을 보다

조선어학회 회원들은 원고를 되찾은 흥분이 채 가라앉기도 전에 다시 붓을 들었습니다. 극적으로 되찾은 원고였지만, 일제의 탄압과 검열을 비롯해 여러 제한된 여건 속에서 작성한 원고인지라 책으로 발행하기에는 부족한 점이 많다고 판단한 것이죠. 빠진 말이 많았고, 해석이 부족한 점도 많아서 전체적으로 검토가 필요했습니다. 그래서 이강로, 류제한, 신영철 등 10여 명의 편찬 인원을 보충해 원고 전체의 표제어와 풀이를 일일이 검토하여 수정했습니다.

편찬 작업을 재개한 조선어학회는 하루라도 빨리 사전을 완성하

조선말 큰사전 국립한글박물관 제공

기 위해 또다시 밥 먹듯 야근하며 노력을 기울였습니다. 그렇게 수정한 원고는 광복 후 2년 지난 1947년 한글날에 《조선말 큰사전》으로 발간되었습니다. 전체 표제어가 10만 개가 넘는 대사전인데다가 비용도 부족해 우선 제1권만 발행해야만 했습니다. 이마저도 1929년 사전 편찬이 시작된 이후 약 18년 만의 일이었지요.

이후 조선어학회는 한글학회로 이름을 바꾸고 《조선말 큰사전》 완간에 박차를 가합니다. 하지만 이 역시 순조롭지는 않았습니다. 1950년, 한국전쟁으로 또 한 번 위기를 맞은 것이죠. 하지만 전쟁의 포화 속에서도 한글학회 회원들은 포기하지 않았습니다. 그 덕

조선말 큰사전 완성 기념 사진 큰사전 완성을 기념하기 위해 한글학회 직원 총 13명이 모여 찍은 흑백사진이다. 국립한글박물관 제공.

분에 1957년 10월 9일 한글날에 마지막 권인 제6권이 발행되었습니다. 전체 3,558쪽(부록 114쪽)에 164,000여 개의 표제어를 실은 한겨레 최초의 '대사전'이었지요. 이로써 약 30년의 대장정은 마무리되었습니다.

이 사전은 현재 우리가 쓰는 국어사전의 시작이 되었습니다. 말과 나라의 운명을 하나로 본 주시경이 사전 편찬의 꿈을 꾼 뒤로부터 무려 46년이라는 시간이 걸렸지요. 그 긴 시간 동안 일제의 조선어 탄압에 맞서 목숨을 걸고 우리말과 글을 지킨 사람들이 없었

조선어학회 한말글 수호탑 우리말과 우리글을 지키기 위해 희생한 조선어학회 33인과 관련 인물들의 정신을 기리기 위해 조성된 탑이다. 옆에는 조선어학회 한말글 수호 투쟁기 해설문이 새겨져 있다. 대한민국역사박물관 근현대사아카이브 제공.

다면, 오늘날 우리는 과연 어떤 말과 글을 사용하고 있을까요? 살얼음판 같았던 일제강점기에 우리의 말과 글을 지켜낸 숨겨진 영웅들. 그들의 노고를 기억하기 위해 2014년 서울 세종문화회관 옆 세종로공원에 조선어학회 한말글 수호탑이 세워졌습니다.

목숨을 걸고서라도 우리글을 지키고자 했던 사람들. 그들은 우리글을 지키는 것이 곧 우리나라를 지키는 일이라 생각했습니다. 이런 노력 덕분에 우리는 일제의 폭압적 식민 지배 속에서도 우리글을 잃지 않을 수 있었죠. 쉽게 읽고 쓰는 우리글의 의미와 가치를 다시 한번 생각해보는 계기가 되었길 바랍니다.

8장

멀지 먼 은 광복

조건(동북아역사재단 한일역사문제연구소 연구위원)

해방의 날,
환호성은 왜 들리지 않았나

나라의 경사로운 날을 축하하기 위해 지정된 날을 국경일이라 합니다. 이날은 대한민국 국기법에 따라 국기도 게양하죠. 우리나라의 국경일은 삼일절, 제헌절, 광복절, 개천절, 한글날인데요. 그 중에서도 광복절은 전국적으로 경축 행사가 벌어지는, 우리나라의 대표적인 경축일입니다. 35년간의 일본 제국주의 압제에서 벗어나 나라를 되찾은 역사적인 날이기 때문입니다.

1945년 8월, 그날을 상상해보세요. 사람들은 얼마나 기뻤을까요? 해방 소식을 들은 수많은 사람들이 거리로 쏟아져 나왔겠지요. 누군가는 눈물을 흘리고, 또 다른 누군가는 환하게 웃었을 것입니다. 태극기를 흔드는 사람도, 박수를 치는 사람도 있을 테고

서울 종로 거리를 가득 메운 만세하는 사람들

요. 표현 방식은 저마다 다르더라도, 하나같이 벅찬 감동을 느꼈을
것입니다.

"조선 독립 만세!"

모두들 기쁨을 만끽하면서 끊임없이 만세를 외쳤습니다. 시간
이 꽤 지났어도 그날을 떠올리면 지금 우리의 가슴도 벅차오르죠.

그런데 사실 우리에게 익숙한 이 만세하는 사진은 8월 15일에
찍은 것이 아니라 하루 뒤인 8월 16일에 찍은 것입니다. 놀랍게도
해방의 날은 아주 조용하게 지나갔습니다. 사람들은 왜 해방된 날
이 아닌 그다음 날 만세를 부른 걸까요? 조선과 일본의 운명이 하
루아침에 뒤바뀐 그날, 과연 무슨 일들이 벌어졌을까요? 지금부터
1945년 8월 15일로 시간을 거슬러 올라가보려 합니다. 우리가 몰

랐던 8월 15일 해방 이후의 뒷이야기를 하나하나 벗겨보도록 하겠습니다.

아무도 모르게
찾아온 해방

1945년 8월 15일 낮 12시, 경성에서는 대규모 장례식이 열릴 예정이었습니다. 장례식의 주인공은 이우. 그는 고종의 손자이자 의친왕의 장남으로 조선의 마지막 왕자였습니다.

일본에서 육군사관학교를 졸업한 뒤 일본군으로 복무하고 있던 이우는 갑작스레 세상을 떠났습니다. 일본에 전무후무한 사건이 벌어졌기 때문입니다.

이우의 장례식이 있기 9일 전인 1945년 8월 6일, 일본 히로시마에 핵폭탄이 떨어졌습니다. 아침 8시 15분, 갑자기 번쩍하더니 한낮의 태양보다 밝은 하얀 빛이 히로시마 전역을 집어삼켰습니다. 히로시마 상공 580미터에서 터진 핵폭탄은 약 4천 도의 열 폭

이우와 그의 아내 박찬주

풍을 일으켰고, 그 사이로 거대한 자줏빛 버섯구름이 솟아올랐습니다. 화염이 도시를 휩쓸었고, 히로시마는 초토화가 되었습니다.

일본 제국은 연합국의 계속된 항복 요구를 무시한 채 아시아와 태평양 일대에서 침략 전쟁을 이어갔습니다. 이에 연합국인 미국이 하루빨리 전쟁을 끝내기 위해 핵폭탄이라는 카드를 꺼내든 것이죠.

출근 중이던 이우는 이 폭발에 휘말리고 맙니다. 급하게 병원으로 이송됐지만, 온몸에 화상을 입고 새벽 내내 괴로워하다가 8월 7일

이우 부고 《매일신보》 1945년 8월 9일자 1면에 이우의 사망 기사가 실렸다. 기사 제목은 '이우공 전하 7일 히로시마에서 전사'이다. 국립중앙도서관 제공.

오전 5시 5분에 사망하고 말았지요. 34세의 젊은 나이였습니다.

장례식 장소는 지금의 동대문역사문화공원 자리에 위치했던 경성운동장이었습니다. 그런데 갑자기 장례식이 연기되더니 벽보가 나붙기 시작했습니다. 벽보에는 이렇게 쓰여 있었지요.

"오늘 정오 중대 방송, 1억 국민 필청."

낮 12시에 중요한 방송을 할 테니 모든 국민은 라디오를 들으라는 뜻이었습니다. 아무리 식민지라지만, 한 나라 왕족의 장례식까

지 미루면서 해야 했던 중요한 방송이 대체 무엇이었을까요?

어느덧 시간은 12시, 예정대로라면 장례식이 시작되어야 할 시각에 라디오에서 일왕의 목소리가 흘러나왔습니다.

> 짐은 세계 대세와 제국의 현 상황을 감안하여
> 비상조치로써 시국을 수습하고자 충량한 너희 신민에게 고한다.
> 짐은 제국 정부로 하여금 미·영·중·소 4개국에
> 공동선언을 수락한다는 뜻을 통고토록 하였다.
>
> — 1945년 8월 15일 일왕의 항복 선언

대체 무슨 이야기를 하는 걸까요? 번역된 내용을 읽어봐도 이해하기가 쉽지 않습니다. 방송 내용을 해석하면 이렇습니다. 히로시마에 핵폭탄이 떨어지기 전, 연합국은 일본에게 '무조건 항복하라'는 마지막 경고를 전했습니다. 그러니까 일본이 공동선언을 수락했다는 것은 이러한 연합국의 뜻을 받아들이고 아시아태평양전쟁에서 무조건 항복을 하겠다는 뜻입니다. 이는 곧 조선인들을 괴롭히던 일제의 식민 지배가 끝났다는 의미였습니다. 조선인들이 뛸 듯이 기뻐할 소식이었지요.

그러나 우리가 그러했듯이, 당시 조선인들도 이 방송이 도통 무슨 뜻인지 몰랐습니다. 일단 단어 자체가 어려운 데다가 패전이나 항복이라는 말도 없으니까요. 이날 일왕이 낭독한 말 가운데 패전을 암시한 대목은 "짐은 제국 정부로 하여금 미·영·중·소 4개국에 공동선언을 수락한다는 뜻을 통고토록 하였다"라는 한 줄뿐이었습니다.

게다가 일왕의 방송은 일반인들이 잘 사용하지 않는 왕실 용어로 이루어져 있었고, 녹음 상태도 좋지 않았습니다. 일본에서도 이러한 점을 알고 있었기 때문에 일왕 방송 직후 아나운서의 해설 방송을 편성했을 정도였습니다.

그래서 당장 축배를 들어도 모자란 그날에 조선의 풍경은 평소와 다름이 없었습니다. 당시 소련 영사관 부영사의 아내가 남긴 기록을 보면 그날의 분위기를 짐작할 수 있습니다.

"8월 15일의 경성은 마치 쥐 죽은 듯했다."

파냐 샤브쉬나, 《1945년 남한에서》

또 다른 증언도 있습니다. 경성 교외의 한 학교에서 임시교사로 일했던 일본인은 "15일 저녁 나는 황금정 6정목 부근을 전차로 지나갔지만 아무런 혼란도 없었다"라고 회고했지요. 번화가 중 번화가인 오늘날의 을지로6가를 지나갔지만, 기뻐하는 사람들의 모습도 없이 거리가 무척 평온했다는 것입니다. 예상과 달리 8월 15일 해방의 날에 경성은 무척 조용했습니다. 방송의 내용을 이해한 사람이 있었다 하더라도 일제의 경찰과 군인이 조선에 그대로 주둔

하고 있는 상황에서 거리로 선뜻 나서기는 현실적으로 어려웠을 것입니다. 해방됐다는 사실을 눈치챈 몇몇 사람들도 섣불리 행동하지 못했지요.

만세 함성도, 태극기 행렬도 없었던 이날의 해방을 독립운동가 함석헌은 이렇게 표현했습니다.

"해방은 도둑같이 뜻밖에 왔다."

그토록 간절히 기다리던 해방의 순간이 찾아왔건만, 대부분의 조선인들은 해방이 온 줄도 몰랐습니다. 일과를 마치고 조용히 집으로 돌아온 사람들은 저녁이 되어서야 서로 묻기 시작했습니다. "아까 낮에 나온 방송이 대체 무슨 의미인가?" 하고 말이지요.

발 빠르게 움직인 조선총독부

생각지도 못한 타이밍에 갑자기 해방을 맞아 놀란 이들은 조선인들만이 아니었습니다. 조선을 식민 통치하던 조선총독부도 마찬가지였지요.

일제가 일제강점기 동안 조선을 통치하기 위해 경성에 설치한 통치기관이 바로 조선총독부입니다. 그런데 과거 조선총독부 사진을 보다 보면 어처구니없는 점을 발견할 수 있습니다. 조선총독

구 조선총독부 청사 조선총독부 청사는 1995년 8월 15일, 광복 50주년 경축식에서 중앙돔 해체를
시작으로 다음 해 말까지 순차적으로 해체 철거됐다. 중앙돔의 첨탑과 일부 잔해는 천안 독립기념관에
전시되어 있다. 셀수스협동조합 제공.

부 앞에 있는 건물이 광화문이라는 것입니다. 그렇다면 조선총독
부 뒤에는 경복궁이 있겠지요. 일본은 일부러 조선의 임금이 나랏
일을 보던 경복궁 근정전 앞에 조선총독부 건물을 세웠습니다. 조
선의 국권을 확실히 끊겠다는 의도였습니다.

조선총독부는 조선 왕조의 상징인 경복궁 앞에 버티고 서서 조
선 위에 군림하는 존재가 누구인지 똑똑히 보여주려고 했습니다.
과거 수천 년간 오히려 문화를 전수해주었던 조선에 침입해 들어
와 식민지로 만들었으니 이 정도의 위압감을 주지 않으면 안 되는
상황이었던 것이죠. 이 치욕적인 건물은 해방 후에도 정부 청사,

국립중앙박물관으로 사용되다가 역사 바로 세우기 정책으로 광복 50주년에 이르러서야 철거되었습니다.

식민 통치를 하는 동안 조선인들에게 엄청난 만행을 저질렀던 조선총독부는 해방 후 조선인들에게 보복당할 것을 두려워했습니다. 그러니 당시 조선총독부의 분위기는 어땠을까요? 일본의 패색이 짙어질수록 그 어느 곳보다 분주했습니다. 그야말로 초비상사태였지요.

발등에 불이 떨어진 조선총독부는 가장 먼저 일본 정부에 도움을 구했습니다. 일본이 정말 항복을 하는지, 조선총독부는 어떻게 대응해야 할지 등을 묻기 위해 여러 차례 연락을 취했지만 일본 정부로부터 별다른 답이 오지 않았습니다. 그도 그럴 것이 패전을 앞두고 일본 내부도 극도로 혼란스러웠습니다. 조선총독부에 도움이 될 만한 지침은커녕 일본이 항복할 것이라는 소식조차 제대로 전달하지 못했다는 점을 보면 잘 알 수 있지요.

결국 공식적인 경로가 아닌 비공식적인 방법을 통해 일본의 패전 사실을 파악한 조선총독부는 자신들의 안전을 위해 누군가를 찾아 나섰습니다. 바로 독립운동가였지요. 의아하게 생각되지만 그럴 듯한 판단이었습니다. 조선총독부는 조선인들의 정신적 지주와 같은 존재만이 조선 사회의 분노를 통제해 자신들을 지켜줄 수 있으리라고 생각했습니다.

조선총독부는 식민 통치 내내 철저한 감시와 고문을 당했던 독

여운형 독립운동가이자 정치인으로 호는 몽양夢陽이다. 광복 다음 날인 8월 16일 휘문고보에서 해방 선포를 한 인물이다. 조선 건국동맹을 만들어 광복에 대비했으며, 광복 후에는 독립국가 건설과 좌우합작운동에 힘썼다.

립운동가에게 자신들의 안전을 부탁하며 매달리기로 했습니다. 그들이 선택한 독립운동가는 누구였을까요? 바로 여운형이었습니다. 김구나 이승만과 같은 다른 독립운동가들도 있었지만 대부분이 일제의 삼엄한 감시를 피해 국외에서 활동하고 있었습니다. 한반도 안에 없었기 때문에 바로 도움을 요청하기가 어려웠죠. 하지만 여운형은 일본의 패전이 가시화되기 전부터 국내에서 해방 후 정치 활동을 준비하고 있었습니다. 그리고 일본과 지속적으로 소통하면서도 결코 친일반민족행위자로 전향하지 않은 아주 드문 인물이었습니다. 이 덕분에 조선인들에게도 신망을 받고 있었고요.

조선총독부는 자신들의 입장을 수용하면서도 조선인들이 거부하지 않을 인물로 여운형이 적임자라고 판단했습니다. 여운형 또한 자신이 준비했던 정치 활동을 전개하기 위해 총독부의 협조가 필요한 상황이었고요.

조선총독부가 발 빠르게 움직인 결과 8월 15일 오전 8시경, 여운형은 조선총독부의 2인자인 엔도 총감 앞에 앉았습니다. 여운형과 마주한 엔도는 상상도 못했던 말을 꺼냈습니다.

"일본은 패배하였소. 이제부터 우리의 생명이 당신에게 달려 있소."

여운형은 조선에 거주하는 일본인과 일본군이 무사히 빠져나갈 때까지 치안 협조를 해달라는 부탁을 받았습니다. 한마디로 '일본인 좀 살려달라'는 것이었지요. 엔도의 말을 들은 여운형의 심경은 무척 복잡했을 것입니다.

결국 여운형은 조선총독부의 부탁을 받아들였습니다. 갑작스러운 해방으로 대혼란이 일어날 수도 있었기에 유혈 충돌이라는 최악의 사태를 막으려 했던 것이지요. 물론 아무 조건 없이 조선총독부의 부탁을 들어준 것은 아니었습니다. 일본인의 안전을 대가로 다섯 가지를 요구했지요.

> 첫째, 정치범과 경제범을 즉시 석방할 것.
> 둘째, 3개월간 식량을 보장할 것.
> 셋째, 치안 유지와 건국을 위한 정치 활동에 절대로 간섭하지 말 것.
> 넷째, 청년과 학생을 조직 훈련하는 데 간섭하지 말 것.
> 다섯째, 근로자와 농민을 건국 사업에 동원하는 데 간섭하지 말 것.

정치범과 경제범 중 대부분은 일본 제국주의에 저항하다가 감옥에 갇힌 사람들을 의미했습니다. 식민 지배라는 특수한 상황이 아니라면 범죄자가 될 리 없는 사람들이었지요. 여운형은 억울하게 수감된 이들의 석방을 첫 번째로 요구했습니다.

두 번째 요구는 조선인들의 식량을 3개월 동안 보장하는 것이었습니다. 당시는 전쟁 중이었고, 한반도의 식량과 생필품 보급은 조선총독부에서 통제하고 있었습니다. 만일 조선총독부가 손을 놓아버리면 당장 조선인들이 먹고사는 데 지장이 생길 수밖에 없었지요. 생사가 달린 중요한 문제였기 때문에 조선이 정상적인 체제를 찾을 때까지 조선총독부가 식량 배급 문제를 책임지라고 요구한 것입니다.

뒤이은 세 가지 요구사항은 치안과 건국을 위한 조선인들의 독자적인 활동을 절대 방해하지 말라는 내용입니다. 어떤 경우든 간섭하지 말고 내버려두라는 뜻이었지요. 엔도는 여운형의 요구를 거부할 이유도, 겨를도 없었습니다. 두 사람의 협상은 어렵지 않게 마무리가 되었습니다.

자신들의 안전을 챙기려 한 조선총독부와 그들의 치안권과 행정권을 인수해 조선인이 주체가 되는 독립정부 수립에 나서려 한 여운형이 서로 원하는 바를 주고받았습니다. 엔도와 회담을 마친 여운형은 그날 저녁 6시에 종로구 계동의 2층 양옥집에서 완벽하게 독립된 새 나라를 꿈꾸며 최초의 건국 준비 단체인 '조선건국준비위원회'를 발족했습니다.

만세 함성이 울려 퍼진
8월 16일

다음 날인 8월 16일 오전 11시, 수많은 사람들이 서대문형무소 앞에 모여들었습니다. 서대문형무소는 일제가 조선인들을 잡아들여 잔인한 고문을 행했던 곳입니다. 조선총독부는 여운형의 요구대로 서대문형무소에 갇혀 있던 정치범과 경제범을 석방하기로 했습니다. 그들을 기다리는 환영 인파는 서대문형무소 앞에서 독립문까지 난 큰길을 꽉 채울 정도였다고 합니다. 짧게는 수개월, 길게는 수십 년 동안 모진 옥살이를 한 가족과 친구를 맞이하기 위

서대문형무소 앞 환영 인파

해 그토록 많은 사람이 몰려왔던 것입니다.

'혁명동지 환영'이라는 글자가 적힌 깃발을 든 군중들은 애타는 마음으로 굳게 닫힌 형무소 문을 바라보고 있었습니다. 그리고 드디어, 언제까지고 열리지 않을 것 같았던 문이 열렸습니다. 독립운동가를 포함해 억울하게 수감되었던 조선인들이 무리를 지어 나왔습니다.

> "부축을 받고 나오는 등이 굽은 사람에게 여인과 세 명의 아이들이 기쁨의 함성을 지르며 달려갔다. (…) 바로 옆에서는 불구가 된 노인에게서 아들의 젊을 때 모습을 어렵게 알아본 어머니가 울다 웃다 하였다."
>
> 파냐 샤브쉬나, 《1945년 남한에서》

여인은 남편을, 아이들은 아버지를 살아서 다시 만났다는 감격에 달려가 얼싸안습니다. 하지만 남자는 고문에 시달려 등이 굽었고, 부축이 필요할 정도로 몸이 상해버린 상태입니다. 그 옆에는 길고 혹독한 수감 생활로 불구가 된 채 바짝 늙어버린 아들을 겨우 알아본 어머니가 있습니다. 그 어머니는 안타까움과 반가움으로 울다 웃기를 반복합니다. 석방된 사람들은 모두 오랜 옥살이로 안색이 창백하고 뼈에 가죽만 겨우 달라붙어 앙상한 모습이었습니다. 다시 만난 기쁨과 참담한 모습에서 오는 슬픔이 한데 섞여 서대문형무소 앞을 가득 채웠습니다. 그 자리의 누구도 쉽게 눈물을 멈추지 못했지요.

서로를 끌어안고 감격의 눈물을 흘리던 이들은 이내 한 무리가 되어 함께 만세를 외치며 광화문으로 나아가기 시작했습니다. 해방 후 첫 번째 만세 행진의 순간이었습니다.

"조선 독립 만세! 해방 만세!"

사람들은 그제야 해방을 실감하며 너도나도 환호성을 질렀고, 해방 소식은 삽시간에 퍼져나갔습니다. 전날 방송의 의미를 알지 못했던 사람들도 깜짝 놀라 밖을 내다보고는 수많은 인파와 해방의 기쁨을 적은 깃발을 보고 만세 행렬에 합류했습니다. 무려 35년 간 조국의 땅에서 마음 편히 목소리를 내지 못했던 사람들이 거리로 뛰어나와 그간의 울분을 토해내듯 누구의 눈치도 보지 않고 목놓아 만세를 불렀습니다.

만세 행렬은 점점 그 덩치를 불려가며 광화문에서 종로로, 종로에서 남대문으로 계속해서 나아갔습니다. 사람이 모이면 모일수록, 함성이 커지면 커질수록 더 마음껏 기쁨을 누렸지요. 8월 16일 단 하루 동안 전국에서 수천 명의 항일 독립운동가가 석방됐고, 방방곡곡에서 수많은 사람들이 만세를 외치며 행진했습니다.

해방의 기쁨으로 한반도가 떠들썩했던 8월 16일 오후 3시 10분, 조선인들을 또 한 번 감격하게 만드는 기쁜 소식이 라디오를 통해 흘러나옵니다. 새로운 조선으로 나아가기 위한 조선건국준비위원회가 발족했다는 소식이 세상에 널리 알려진 것입니다. 그들이 앞으로 나아갈 방향에 대해서도 전해졌지요.

내용도 내용이지만 이 방송 자체가 조선인들에게는 감개무량이었습니다. 불과 하루 전까지만 해도 조선총독부의 검열 탓에 조선에 유리한 소식을 알리는 일은 불가능했으니까요. 15일 이후 총독부의 기능이 사실상 마비되면서 이날 처음으로 조선인의, 조선인에 의한, 조선인을 위한 방송이 나왔던 것입니다. 방송을 들은 사람들은 자연스럽게 조선총독부가 힘을 잃었다는 사실을 알게 되었고, 머지않아 조선에 새로운 정부가 세워질 것이라는 희망에 들떴습니다.

터져나오는 분노
패닉에 빠진 일본인들

그런데 광복 후 조선인들의 마음을 채운 감정이 희망만은 아니었습니다. 일제를 향한 분노도 터져나왔죠. 청주에서는 조선인 순사 한 명이 성난 대중에게 맞아 죽기도 했습니다. 조선총독부가 가장 우려했던 일이었습니다.

조선인들의 분노는 가장 먼저 경찰서와 관청의 조선인들에게 향했습니다. 무리한 인력과 물자를 내놓으라고 강요하면서 일본인보다 더 악랄한 방법으로 조선인들을 감시하고 탄압했기 때문입니다. 일본의 편에 서서 조선인들을 잡아가고 모진 고문도 서슴지 않았던 일본의 앞잡이, 친일반민족행위자를 향한 응징이 시작된 것이었지요. 조선인들은 그동안 맺힌 한을 풀고자 했습니다. 많은 조선인 경찰관들이 도망갔고, 이에 따라 각자의 경찰서에서는 결근 사태가 이어졌습니다.

조선인들의 분노가 향한 또 다른 장소는 일본이 세운 신사입니다. 일본은 남산에 조선 전체의 신사를 대표하는 거대한 조선신궁을 세우고, 곳곳에 호국 신사를 만들어 전쟁 중에 사망한 이들의 제사를 지냈습니다. 조선인들에게 참배를 강요하기까지 했지요. 사실 따져보면, 침략 전쟁의 사망자라면 조선인들에게는 가해자이자

조선신궁

전범일 뿐입니다. 해방된 조선인들에게 신사는 당연히 눈엣가시였 겠지요. 결국 대부분의 신사는 불에 타거나 철거됐습니다.

조선 군중이 복수심에 들끓던 이때, 가장 두려움에 떨었던 곳은 어디일까요? 역시 조선총독부였겠지요. 앞에서 말했듯 이 모든 일 을 주도한 곳이니까요. 자신들의 안위를 위해 빠르게 움직였던 이 들은 이번에도 숨 가쁘게 움직이고 있었습니다. 그리고 곧 조선총 독부 건물에서 검은 연기가 솟아오르기 시작했습니다. 매캐한 연 기는 지붕 위로 끝없이 피어올랐고, 청명한 여름 하늘에 재가 눈꽃 처럼 휘날렸습니다. 대체 무슨 일이었을까요? 분노한 조선인들이 조선총독부에 쳐들어오기라도 한 것일까요?

"빨리빨리 움직여라! 어서 태워!"

불을 놓은 것은 총독부 직원들이었습니다. 건물이 아니라 문서 를 태우기 위함이었지요. 앞으로 한반도에 진주할 연합군이나 조 선인 지도자의 손에 결코 들어가서는 안 될, 일제의 악행이 담긴 기 밀 문서들이었습니다. 시내 곳곳에 있는 다른 관청들도 같은 상황 이었습니다. 떠나기 전에 온갖 문서들을 태우느라 무척 바빴지요.

조선에 거주하던 일본인들의 상황은 어땠을까요? 그들 역시 패 닉에 빠졌습니다. 그들은 앞다투어 은행으로 달려갔습니다. 사상 초유의 대량 예금 인출 사태, 뱅크런이 벌어진 것입니다. 얼마나 많은 사람들이 몰렸는지 경성우체국에 근무하던 한 일본인은 당 시 상황을 이렇게 기록했습니다.

"예금을 인출하러 모여든 사람들 때문에 밤이 깊어서야 집으로 돌아올 수 있었다."

16일 단 하루 동안 경성에서만 2억 엔이 인출됐습니다. 이는 전체 지급 준비액의 20퍼센트에 달하는 돈이었지요.

"예금은 얼마든지, 언제든지 뺄 수 있으니 안심하라."

조선총독부는 사람들을 진정시키기 위해 태연한 척했지만, 이 말은 통하지 않았습니다. 갑작스레 패전 소식이 들려오고 거리에서는 조선인들의 만세 함성까지 터져나오니 한반도에 있던 일본인들로서는 혼란스러웠겠지요. 일본인들의 동요는 조선총독부의 말 한마디로 진정될 수 있는 문제가 아니었습니다.

사태는 나아질 기미가 없었고, 이대로라면 일주일 안으로 경성 모든 은행들의 잔고가 바닥날 판이었습니다. 그렇게 되면 더 큰 패닉이 발생할 수밖에 없었습니다.

조선총독부는 이 사태를 막기 위해 대책을 마련합니다. 바로 화폐를 마구 찍는 것이었죠. 조선 경제를 뒤흔들 만한 일이었지만, 개의치 않았습니다. 한 달이 조금 넘는 기간 동안 그들이 찍어낸 돈은 무려 36억 8천만 엔에 달했습니다. 1944년 조선총독부의 예산이 23억 5,800만 원이었고, 당시 엔화와 원화는 같은 가치였으니 조선총독부는 한 달 만에 1년 예산을 훌쩍 뛰어넘는 돈을 찍어낸 것입니다.

돈을 많이 찍어내면 화폐의 가치는 떨어지고 물가는 오르는 인플레이션이 발생합니다. 하지만 일본인들은 아랑곳하지 않습니다. 인플레이션은 일본이 떠난 뒤 한반도에 남은 조선인들이 감당할 문제였으니까요. 당장의 돈을 갖고 탈출하는 데만 급급했을 뿐, 이후의 혼란은 전혀 고려하지 않았던 것입니다. 실제로 해방 후에 조선의 물가는 한 달 만에 20배 이상 치솟았고, 그 부담은 고스란히 조선인들이 떠안게 되었습니다. 35년 동안 조선을 식민 지배하며 온갖 수탈을 일삼던 조선총독부가 마지막까지 조선인들을 괴롭힌 셈이지요.

일본군의 반격
경성을 장악한 일본 헌병

일왕의 항복 선언 이후, 한반도에서 조선인과 일본인의 상황은 완전히 역전됐습니다. 해방을 맞이한 조선인들은 새로운 세상을 꿈꾸며 기대에 부풀어 있었지요. 해방 3일째인 8월 17일, 당시 유일한 조선어 신문이었던 《매일신보》의 1면 기사를 보면 그때의 분위기를 알 수 있습니다.

이날의 머리기사 제목은 "호혜의 정신으로 결합, 우리 광명의 날을 맞자"였고, 두 번째 기사는 "민족 해방의 사자후, 우리들 이상의 낙토 세우자"라는 여운형의 연설문이었습니다. 조선인들에게는 희망적인 내용이었지요. 광복을 맞이한 민족에게 어울리는 기사들이었습니다.

《매일신보》에 실린 일본군의 기사(1945년 8월 17일) 국립중앙도서관 제공

그런데 신문 오른쪽 하단에 기쁨에 취해 있던 조선인들의 정신을 번쩍 들게 할 기사가 실려 있었습니다. 제목을 보면 "경거망동을 삼가라"라고 쓰여 있습니다. 찬물을 끼얹는 듯한 내용의 기사를 낸 것은 다름 아닌 일본군이었죠. 기사를 좀 더 자세히 살펴보면 "시위운동 일체 불허", "민중들은 절대 자제하라", "인심 착란 치안방해는 단호 조처"와 같은 말들이 나옵니다. 조선인들의 만세 시위를 금지하며 자제를 명령한 것입니다. 만약 지키지 않을 시 단호한 조처를 하겠다는 것이지요. 이는 곧 무력을 사용하겠다는 뜻이었습니다.

조선총독부와 여운형이 합의한 지 불과 3일째 되는 날에 패전한 일본으로부터 이런 기사가 나오다니, 대체 무슨 일이었을까요? 식민 통치 기간 동안 조선을 지배한 것은 조선총독부만이 아니었습니다. 조선총독부와 함께 조선 주둔 일본군도 식민 지배의 큰 축을 담당하고 있었습니다. 하지만 15일 아침 조선총독부가 여운형을 만나 치안 협력을 요청한 것은 일본군과 논의된 사항이 아니었습니다. 일본군은 이 사실은 전혀 모르고 있었지요. 다음 날이 되어서야 이 사실을 파악한 일본군 참모들은 격분했습니다.

"어떻게 이런 중대한 일을 사전 상의도 없이 벌일 수 있는가!"

조선 주둔 일본군은 자신들이 미국과 소련을 비롯한 연합국에 항복했을 뿐, 조선에 항복한 것은 아니라고 생각했습니다. 연합군이 일본의 항복을 받아내기 위해 한반도에 들어올 때까지는 자신들이 조선인을 통제해야 한다고 믿었지요.

조선총독부 관료와 조선 주둔 일본군은 일본의 항복에 대해 전혀 다른 해석을 하고 있었던 것으로 보입니다. 관료들은 전쟁이 끝났기 때문에 본인들이 안전하게 돌아가려면 조선인 유력자의 힘을 빌려야 한다고 생각했습니다. 반면 일본군은 조선인 유력자에 기대지 않고 무장을 유지한 채 스스로를 지키면서 일본에 귀환하려 했습니다.

결국 일본군은 전면에 나서서 치안 유지를 담당하겠다고 강력하게 주장했습니다. 그리고 8월 17일 오전 10시, 장총에 대검을 꽂은 일본 군인들은 방송국을 장악하고 이렇게 말합니다.

"방송국은 이 시간부터 일본군이 접수한다. 점령한 곳의 주민은 포로나 마찬가지의 처분을 받는 게 통상적이다."

일본군은 먼저 언론을 통제해 다시 조선인들의 눈과 귀를 막으려 했습니다. 조선에 남아 있는 일본인들의 안전을 위해, 조선인들

사이에서 들불처럼 퍼져가는 해방의 기쁨과 희망을 꺾고 일본이 아직 건재하다는 것을 보여주기 위함이었습니다.

일본군의 언론 통제는 시작에 불과했습니다. 일본군은 조선인들에 대한 경고 수위를 점점 높여갔습니다. 18일에는 경성방송국을 통해 일본군은 엄연히 존재하며, 만일의 경우 단호하게 무력을 사용하겠다고 다시 한번 위협했습니다. 무장한 일본군은 경성 곳곳을 점거했고, 종로 일대에 기관총까지 설치했습니다. 통탄할 일이지요. 광복 3일 만에 일본군이 다시 경성을 장악한 것입니다.

패전국인 일본이 이렇게 자유롭게 무력을 사용하다니, 어떻게 된 일일까요? 당시 일본군은 전투 중지 명령을 받은 상태였습니다. 항복한 일본이 군을 동원해서 무력을 행사하면 전쟁을 지속하는 꼴이 되기 때문입니다. 그렇다면 무장해제와 패전에도 불구하고 일본이 무력을 행사할 수 있었던 이유는 무엇이었을까요? 일본 헌병의 특수한 성격을 이용한 것입니다.

당시 일본 헌병은 경찰처럼 민간인에 대한 치안 업무를 수행할 수 있었습니다. 현재 우리 국군의 '군사경찰'이 군인만을 대상으로 하는 것과 다르지요. 즉, 패전 후 한반도 내 치안 유지를 헌병에게 맡기고는, 이것을 통상적인 경찰 업무 수행이었다고 둘러대려 했던 것입니다. 헌병이라는 말은 일제의 잔재로 우리 국군도 불과 몇 해 전까지 이 용어를 쓰다가, 2020년에 군사경찰로 공식 변경했습니다.

헌병들은 도처에서 사람들을 감시했습니다. 누구든지 체포할 수 있는 권한을 가진 헌병은 식민 지배 내내 조선인들을 두려움에 떨게 한 존재였습니다. 조선 땅의 무소불위 권력자들이었지요.

일본군은 조선인들의 동요를 막기 위해 헌병의 숫자를 늘렸습니다. 해방 직후 2,600여 명이었던 조선 주둔 헌병은 한 달 만에 무려 6배가 넘는 16,000명까지 늘어났습니다. 조선인들은 거리를 돌아다니는 헌병을 보면서 어떤 생각을 했을까요? 도무지 무슨 상황인지 파악하기 힘들었을 것입니다. 해방의 기쁨을 맛본 뒤라 더 큰 절망감을 느끼기도 했겠지요. 일본 헌병들이 다시 장악한 한반도는 해방이 됐음에도 광복의 기쁨을 누리지 못했습니다.

멈추지 않은
재외 동포의 시련

한반도 내에서의 상황도 이러한데, 한반도 밖에 있던 재외 동포들의 상황은 어땠을까요? 그들의 사정을 엿볼 수 있는 비극적인 사건이 하나 있습니다. 바로 우키시마호 폭침 사건입니다. 사건이 벌어진 때는 1945년 8월 24일 오후 5시 20분경, 일본 혼슈 교토부의 마이즈루항 인근 해상에서 귀를 찢을 듯한 굉음이 울렸습니다. 바다 위에 떠 있던 배에서 폭발이 일어난 것입니다. 중앙이 쩍 갈

우키시마호

라진 배는 가운데부터 서서히 침몰하기 시작했고, 승객들은 배와 함께 바닷속으로 사라졌습니다. 대부분 목숨을 잃고 말았지요.

폭발한 배는 길이가 108미터나 되는 거대한 일본 해군 수송선 우키시마호였습니다. 조선으로 향하던 이 배에 타고 있던 사람들은 대부분 조선인들로, 일본에 끌려갔던 강제동원 피해자들이었지요.

낯선 일본 땅에서 수년 동안 노역에 시달리면서도 고향에 돌아갈 날을 손꼽아 기다렸던 조선인들은 8월 15일, 꿈에 그리던 해방을 맞았습니다. 일본 해군은 그들을 배에 태워 조선으로 보내주겠다고 했습니다. 조선인들은 크게 기뻐했지요. 얼마나 좋았는지 출발하기 며칠 전부터 부둣가와 길가에서 노숙하는 사람도 있을 정도였습니다.

8월 22일, 우키시마호는 오미나토항에서 조선인들을 가득 태운 채 부산을 향해 출발했습니다. 배는 사람들로 빼곡히 들어차 발 디딜 틈이 없을 정도였다고 합니다. 승선 정원은 4천 명이지만, 생존자들의 증언에 따르면 적어도 2배가 넘는 사람들이 배에 올랐다고 합니다. 그들 모두가 조국 땅을 밟을 생각에 들떠 배에 탔겠지만, 우키시마호는 이틀 뒤 일본 해상에서 폭발하며 결국 부산에 닿지 못했습니다.

일본은 미국이 뿌려놓은 수중 지뢰, 즉 기뢰 때문에 배가 폭발했다고 발표합니다. 하지만 믿을 수 없는 내용이었습니다. 기뢰로 인해 배가 침몰하면 선체 바깥쪽에서 안쪽으로 구멍이 뚫리기 마련인데, 훗날 인양한 우키시마호 바닥의 구멍은 선체 안쪽에서 바깥쪽으로 뚫려 있었기 때문입니다. 폭발이 배 내부에서 일어났음을 짐작할 수 있지요.

일본은 왜 이렇게까지 한 것일까요? 강제동원되었다가 풀려난 조선인들 중에는 비밀 공사 현장에서 일을 하는 등 일본의 군사 기밀을 알고 있는 사람도 있었습니다. 일본 입장에서는 어떻게든 정보의 유출을 막아야 했을 것입니다. 정황상 일본의 주장과는 달리 일본 해군이 의도적으로 배를 폭파했을 가능성이 큰 이유지요. 심지어 일본은 가라앉은 우키시마호를 건져 올릴 생각도 하지 않았습니다.

그런데 침몰 후 9년이 지난 1954년, 일본은 갑자기 선체를 인양

했습니다. 마음을 바꾼 이유는 한국전쟁 후 피폐해진 한국에 철을 팔기 위해서였습니다. 일본은 패전 후 경제를 재건하기 위해 애쓰고 있었는데, 거들떠보지도 않던 우키시마호에서 고철을 회수해 한국에 팔 목적으로 배를 인양한 것이죠. 그렇게 끌어올려진 배에는 희생자들의 유골이 곳곳에 남아 있었다고 합니다. 조국으로 돌아갈 기쁨에 부풀었던 수천 명의 조선인들은 죽어서도 끝내 해방된 고향 땅으로 돌아오지 못했습니다.

타국에 끌려간 이들의 안타까운 사연들은 여기서 그치지 않습니다. 승리한 연합국 중 하나인 소련의 군대에 포로로 잡혀간 조선인들도 있지요. 일본이 항복한 뒤, 소련은 만주와 한반도 북부에 주둔하던 일본 관동군을 포로로 잡아 강제로 열차에 태웠습니다. 이들이 향한 곳은 시베리아의 포로수용소였습니다. 문제는 그 열차에 일본인들만 탄 것이 아니었다는 사실입니다. 그 속에는 일본군에 강제동원됐던 조선인 청년들도 포함되어 있었습니다.

"풀어주세요! 저는 조선인입니다!"

그러나 아무리 외쳐도 그 말을 들어주는 사람은 없었습니다.

일본의 식민 지배로 전쟁에 강제동원됐던 조선인 청년들은 엉뚱하게도 패전국인 일본의 군인들과 함께 끌려가 소련의 포로로 또다시 혹독한 강제 노역에 시달려야 했습니다. 주로 벌목과 감자 수확, 토목 공사 같은 험하고 고된 노동에 무차별적으로 동원됐지요. 하루치 식사라고는 빵 300그램과 약간의 설탕, 죽 한 그릇이 전부였다고 합니다. 몸도 힘들고 배도 고픈 와중에 살을 에는 듯한 시베리아의 추위와도 싸워야 했습니다.

일제로부터 숱한 괴롭힘을 받아온 조선인들은 해방 이후에도 억울한 누명을 쓰고 생지옥 같은 환경에서 비참하게 살아야 했습니다. 조국이 해방됐어도 나라 밖에서는 여전히 고통받는 조선인들이 존재했던 것입니다.

조선총독부의 배신
미국과 일본의 거래

다시 한반도로 돌아와봅시다. 일본군은 헌병의 숫자를 늘려 조선인들을 협박하고 있었지만, 언제까지고 해방된 조선을 억누르고 있을 수만은 없었습니다. 연합군에게 식민지에 대한 권한을 넘겨야 했기 때문입니다. 일본을 대신해 한반도에 주둔할 연합국은 미국과 소련이었습니다.

당시 세계는 공산진영인 소련과 자유진영인 미국을 중심으로 나뉘어 있었습니다. 미군이 일본 오키나와에 주둔하며 전쟁을 마무리하고 있을 때, 소련군은 이미 한반도에 들어와 있는 상태였지요. 1945년 8월 9일, 소련군은 만주에서부터 한반도 북쪽까지 파죽지세로 밀고 내려옵니다. 미국은 조급해졌습니다. 조선 전체가 공산화될까 봐 노심초사했지요.

미군은 8월 11일 미국 펜타곤에서 3개 부처 조정위원회(3부 조정위원회)를 열어 소련과 미국이 한반도의 38선을 기준으로 분할 통치할 것을 제안하기로 결정합니다. 38도선 이북은 소련군이, 이남은 미군이 점령하자고 말이죠.

소련은 미국의 분할 점령 제안을 받아들였습니다. 더는 남하하지 않기로 하고 한반도 북쪽을 점령한 채 멈춰 섰지요. 하지만 미국은 소련을 완전히 믿을 수 없었습니다. 계속해서 시간을 지체했다가는 소련이 약속을 어기고 남하할 수도 있으니까요. 결국 미국은 오키나와에 주둔 중이던 미군 부대를 급히 조선으로 보내기로 했습니다.

그런데 조선에 파견된 이 미군 부대는 조선이라는 나라에 대해 아는 것이 거의 없었습니다. 그들에게 필요한 것은 군사 정보가 아닌, 좀 더 내밀한 조선의 속사정이었습니다. 이 기회를 놓치지 않고 일본은 자신들의 안위를 위해 미군이 솔깃할 만한 거짓 정보를 흘립니다.

조선인 중에는 공산주의 혹은 독립운동자가 있는데, 이 기회에 치안을 어지럽히려고 계획하는 자가 있다.

     -일본 제17방면군 사령관이 미국 제24군단 사령관에게 보낸 전문

일본군과 미군이 주고받은 전문의 일부를 살펴보면 그들이 어떤 식으로 미국의 불안감을 이용했는지 알 수 있습니다. 미국이 가장 두려워했던 것은 조선이 공산국가가 되는 것이었기에, 공산주의자들의 위협을 운운하며 조선이 소련의 편이 될 가능성이 크다고 말한 것입니다. 광복 직후에는 독립운동가를 찾아가 안전을 부탁하더니, 이번에는 미국에 붙기 위해 독립운동가들을 모함한 것입니다. 가뜩이나 공산주의의 확산을 걱정하는 미국을 부채질한 셈이지요.

> 일본군은 미군이 그 책임을 인계받을 때까지 북위 38도 이남에서 조선의 치안을 유지함과 동시에 행정기관을 그대로 두기 바란다.
> -미국 제24군단 사령관이 일본 제17방면군 사령관에게 보낸 전문

미국은 자신들이 도착할 때까지 조선을 식민 통치하던 일본의 행정 시스템을 그대로 유지하라고 답했습니다. 쉽게 말해 지금까지 하던 대로 하라는 것이었지요. 공산주의자들로부터 조선을 보호하기 위해서는 일본의 통치권이 유지되어야 한다는 게 미국의 판단이었습니다.

조선에 주둔할 미군으로부터 일본은 조선인들을 억압할 수 있는 명분을 얻게 되었습니다. 패전국이었는데도요. 한반도의 주인인 조선을 쏙 빼놓은 채 일본과 미국 두 나라가 은밀하게 대화를

주고받은 결과였습니다.

한반도를 식민 통치하던 일본과 한반도 남쪽을 점령할 미국 사이에 묘한 신뢰관계가 형성되던 그때, 결국 사달이 나고 맙니다. 미군이 인천항을 통해 한반도에 상륙한 1945년 9월 8일 오전 8시 30분, 일본이 미군을 환영하기 위해 모여든 조선인들을 상대로 총을 쏜 것입니다. 일본 군경이 설정한 경계선을 넘었다는 이유로 말이죠. 이 일로 죄 없는 조선인 2명이 영문도 모른 채 즉사했고, 14명이나 되는 사람들이 부상을 당했습니다. 더욱 충격적인 사실은 미군이 이런 일본의 행동을 두둔했다는 것입니다.

"일본 경찰은 조선인의 대규모 시위를 효과적으로 막았다."

일본군이 보낸 거짓 정보에 속아 넘어간 미군이 조선인 인파를 공산주의자들이라고 오해한 것입니다. 조선인들은 전쟁에서 승리한 미군이 오면 패배한 일본은 조선 땅에서 쫓겨나고 진정한 자유가 찾아오리라 기대했지요. 하지만 현실은 조선인들의 예상과 많이 달랐습니다.

과연 빼앗긴 들에
봄은 왔는가

미군이 경성에 도착한 9월 9일 오후 4시, 조선총독부 제1회의실에서는 미국과 일본 사이의 항복조인식이 열렸습니다. 일본과 연합국이 서로 합의한 내용에 서명하고, 미군이 일본의 뒤를 이어 조선에 주둔하는 절차였습니다.

항복조인식 직후, 조선총독부 청사 왼편 광장에서 조선인이 그토록 바라던 국기 교대식이 열렸습니다. 35년 동안 한반도를 지배해온 조선총독부의 일장기가 드디어 내려갔지요. 그런데 그 자리에 올라간 것은 태극기가 아닌 미국의 성조기였습니다. 조선을 식민 지배하던 일제 대신 임시로 조선을 통치하는 군사정부, 이른바 미군정이 들어선 것입니다.

결국 조선은 해방을 맞은 후 26일이 지나도록 자주독립국가로 나아가지 못했고, 일본에서 미국으로 통치 권한을 넘겨주게 되었습니다. 한반도를 지배했던 일본은 패전국이었지만, 한반도에서만큼은 패전국이라고 보기 어려웠습니다.

조선총독부 관료들과 조선 주둔 일본군은 서로 방식이 달랐을지언정 같은 목표를 가지고 있었습니다. 일본으로의 무사 귀환이었지요. 이들은 1945년 말까지 대부분 일본 땅으로 돌아갔습니다. 마지막 조선 주둔 일본군 사령관은 일본으로 돌아간 후 이렇게 말했습니다.

"일본의 무장해제는 스스로의 손으로 실시되었고, 미군으로부터 어떤 보복이나 충돌 없이 우호적인 분위기 속에서 무사히 귀환했다."

일본군의 귀환이 역사상 유례가 없을 정도로 평온했다고 표현한 것입니다. 소련군의 점령을 받게 된 만주에서는 무려 70만 명에 달하는 일본군들이 억류되었다가 시베리아 포로수용소로 끌려가 강제 노역을 당하지만, 남한 지역에서 살고 있던 일본인들은 그의 말대로 아무 문제없이 귀환했습니다.

일왕이 항복을 선언한 1945년 8월 15일, 대부분의 조선인들은 얼떨결에 해방을 맞이했습니다. 진정한 해방의 기쁨을 만끽할 수 있었던 것은 다음 날인 16일이었지요. 하지만 17일, 한반도에서 여전히 강력한 세력을 유지하고 있던 일본은 반격을 시도했고, 결국 조선은 식민 지배의 단죄는커녕 일본이 철수하는 마지막 순간까지 그들의 안전을 위해 희생당해야 했습니다. 자주독립의 꿈은 불과 한 달도 되지 않아 사라져버렸죠.

광복光復은 말 그대로 빛을 되찾았다는 의미입니다. 77년 전 8월 15일은 여전히 영광스러운 날이지만, 그 빛에 가려진 어두운 역사 또한 분명 존재합니다. 비극적인 역사를 반복하지 않기 위해서 우리는 역사의 밝은 면만이 아니라 어두운 면도 꼭 기억해야 할 것입니다. 마지막으로 여운형이 광복 다음 날인 8월 16일, 서울 휘문고보에서 했던 연설의 일부를 전하며 마치겠습니다.

"이제 우리 민족은 새 역사의 첫발을 내딛게 됐다. 우리는 지난 날의 아프고 쓰라린 것들은 이 자리에서 잊어버리고 이 땅에 합리적이고 이상적인 낙원을 건설하여야 한다."

"역사에 다소 관용하는 것은 관용이 아니요 무책임이니,

관용하는 자가 잘못하는 자보다 더 죄다."

독립운동가 도산 안창호(1878~1938)

벌거벗은 한국사 [사건편]

초판 1쇄 발행	2022년 10월 17일
초판 12쇄 발행	2025년 1월 10일

지은이	**tvN** STORY 〈벌거벗은 한국사〉 제작팀
	김경수, 김현철, 노혜경, 박용규, 박재우, 이근호, 이명미, 조건, 최태성

펴낸이	임경진, 권영선
구성	서주희
교정교열	시소교정실
디자인	studio weme
제작	357제작소
일러스트	스튜디오 쥬쥬베

펴낸곳	㈜프런트페이지
출판등록	2022년 2월 3일 제2022-000020호
주소	경기도 파주시 회동길 37-20, 204호
전화	070-8666-6033(편집), 070-8666-6032(영업)
팩스	070-7966-3022
메일	book@frontpage.co.kr
인스타그램	instagram.com/frontpage_books
네이버 포스트	https://post.naver.com/frontpage_book

ISBN   979-11-978712-3-8(04910)